AF538006

Cornelia Möres

Windows 2 Heaven

Bibliografische Information der Deutschen Nationalbibliothek
Die Deutsche Nationalbibliothek verzeichnet diese Publikation in der Deutschen Nationalbibliografie; detaillierte bibliografische Daten sind im Internet über http://dnb.d-nb.de abrufbar.

Das Gesamtprogramm
von Butzon & Bercker
finden Sie im Internet
unter www.bube.de

ISBN 978-3-7666-2717-9

Überarbeitete Neuausgabe 2020

© 2004/2020 Butzon & Bercker GmbH
Hoogeweg 100, 47623 Kevelaer, Deutschland, www.bube.de
Alle Rechte vorbehalten
Umschlaggestaltung: Werner Dennesen, Weeze
Satz: Kai & Amrei Serfling, Leipzig

Cornelia Möres

WINDOWS 2 HEAVEN

Christen, die Geschichte schrieben

VORWORT

Dieses Buch ist eine Sammlung von Lebensgeschichten. Es ist kein Nachschlagewerk für historische Daten und kein Lehrbuch. Nein, dieses Buch rückt Menschen in den Mittelpunkt, Menschen, die im Gang der Ereignisse Geschichte gemacht haben. Nicht alle vorgestellten Personen haben die Kirchengeschichte in gleichem Maße in ihrem Gang beeinflusst. Aber alle hatten etwas Wichtiges mitzuteilen. Und das haben sie heute noch.

Im Laufe der Jahrhunderte gab es helle und dunkle Zeiten, Aufbrüche und niederschmetternde Ereignisse. Immer gab es dabei Menschen, die – trotz aller Wirren und Verstrickungen der Zeiten – den Willen und die Liebe Gottes klar erkannten und ihre große Aufgabe darin sahen, dies den anderen Menschen zu vermitteln. Wie ein offenes Fenster geben sie den Blick auf das Wesentliche frei und wie durch ein offenes Fenster kann die Liebe Gottes durch sie in die Welt hineinleuchten – Windows to Heaven! Vieles, was in den Botschaften dieser Menschen steckt, ist zeitlos, sodass es uns auch heute noch ein wertvoller Schatz ist auf unserer Suche nach dem Sinn des Lebens, nach Gott und nach dem Weg, den Gott mit uns vorhat.

Dieses Buch zeigt dir Menschen, die für dich auch heute noch Vorbild sein können. Um sie zu verstehen und einordnen zu können, werden sie jeweils vor dem Hintergrund der Zeit und Kultur dargestellt, in der sie leb-

ten. Ihr unerschrockenes Zeugnis und ihr Leben für den Glauben an die Liebe Gottes können bis heute Zeichen setzen und ermutigen. Zwei Texte aus dem meist reichen Fundus ihrer Schriften können dir vielleicht auch heute Orientierung und Hilfe sein bei deinem eigenen Fragen nach Gott, beim Gebet oder bei der Meditation.

Dieses Buch möchte dir einen Eindruck davon vermitteln, dass die Zeit, in der du heute lebst, eingeordnet werden kann in die über 2000-jährige Geschichte einer Glaubensgemeinschaft, die zwar auch, aber nicht allein vom Brot lebt, sondern ebenso von Menschen mit ihrer Begeisterung, ihren Begabungen und Fähigkeiten, die bereit sind, diese für eine große Sache einzusetzen.

Ganz deutlich wird außerdem, dass nicht nur das Wirken bekannter, öffentlicher Personen wichtig ist, sondern vor allem auch das derjenigen, die im Verborgenen handeln und arbeiten, ohne es an die große Glocke zu hängen. Und es wird deutlich, dass die Geschichte der Christen ganz eng mit der Geschichte der Welt zusammenhängt, weil glaubende Menschen nicht allein innerhalb ihrer Kirchen- oder Klostermauern wirken, sondern das Licht des Glaubens in die Welt hineintragen und somit entscheidenden Einfluss auf das, was geschieht, haben können.

Cornelia Möres

DIE ANTIKE

KIRCHENGESCHICHTE	7/6 v. Chr.– um 30 n. Chr. Jesus von Nazaret	ab 50 erste Missionsreisen	64 Christenverfolgung unter Kaiser Nero † 64/67 n. Chr. Petrus † 64/67 n. Chr. Paulus	um 35 n. Chr. – um 117 n. Chr. Ignatius von Antiochien
WELTGESCHICHTE	30 v. Chr.–14 n. Chr. Augustus ist röm. Kaiser		64 Brand der Stadt Rom	

n 260
eitere heftige
nristenverfolgungen

312
Gleichberechtigung
für die Christen

um 316–397
Martin von Tours

354–430
Aurelius Augustinus

um 480–547
Benedikt von Nursia

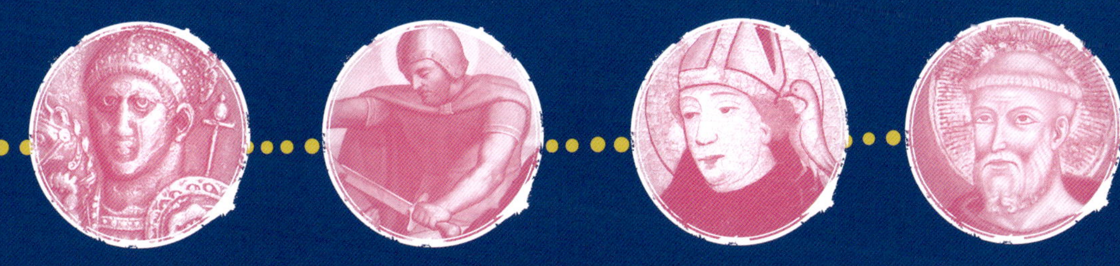

um 288–337
Kaiser Konstantin
der Große

395
Teilung des
Römischen Reiches
Völkerwanderung: 410
die Westgoten erobern
Rom

JESUS VON NAZARET

7/6 v. Chr.–um 30 n. Chr.

Über die Zeit und das Leben des Jesus von Nazaret berichtet uns das Neue Testament. Als Jesus in Israel als Kind einer jüdischen Mutter zur Welt kommt, gehört Galiläa als Provinz zum Imperium Romanum, das zu dieser Zeit von Kaiser Augustus beherrscht wird. Die Römer haben Herodes als Herrscher von Galiläa und Peräa eingesetzt; im Land Judäa, in dem Jerusalem liegt, ist Pontius Pilatus römischer Prokurator. Vor seinen Richterstuhl wird Jesus schließlich geführt. Die Zeit, in die Jesus hineingeboren wird, ist eine bewegte Zeit in Israel. Die jüdische Kultur wird, nachdem sie in der Zeit zuvor mit der griechischen konfrontiert wurde, nun durch die römische Vorherrschaft angefragt. Viele Juden verunsichert dies. Denn sowohl die Griechen als auch die Römer teilen den jüdischen Glauben nicht und die Römer wollen – statt des einen Gottes – ihre Herrscher und Kaiser angebetet sehen. Zugleich gibt es innerhalb des Judentums zahlreiche Gruppierungen, die um die unterschiedliche Auslegung der Tora ringen.

Denn wo zwei oder drei
in meinem Namen versammelt sind,
da bin ich mitten unter ihnen.
Matthäus 18,20

ICH BIN DAS LICHT DER WELT. WER MIR NACHFOLGT, WIRD NICHT IN DER FINSTERNIS UMHERGEHEN, SONDERN WIRD DAS LICHT DES LEBENS HABEN.

JOHANNES 8,12

Jesus von Nazaret wird von Maria, seiner Mutter, in Betlehem geboren. Er wächst in Nazaret auf und beginnt mit ungefähr 30 Jahren sein öffentliches Wirken. Er verkündet, dass die Rettung durch Gott nahe ist, und vollbringt wunderbare Taten. Bald sammelt sich eine Schar von Jüngern um ihn. Allerdings hat er auch viele Feinde. In Jerusalem wird er schließlich zum Tode verurteilt und gekreuzigt.

Dies sind die Fakten, die auch ein Geschichtsschreiber nennen könnte. Aber in der Überzeugung der Christen ist dies nicht alles. Denn Jesus ist der Sohn Gottes. Er hat in Gottes Vollmacht Wunderbares auf dieser Erde gewirkt. Sein Wirken ist nicht durch seinen Tod beendet, denn als Auferstandener ist er weiterhin bei uns Menschen. Jeden von uns will er ansprechen, ihm seine Botschaft verkünden und uns so zum Glauben und zum ewigen Leben führen.

Die Geschichte der Kirche beginnt mit Jesus. Er ist der Ursprung für Leben und Glauben der Christen.

PETRUS

† 64/67 n. Chr.

Die Jünger sind durch die Kreuzigung Jesu zunächst schockiert und verunsichert, denn sie hatten all ihre Hoffnung auf Jesus und seine Botschaft gesetzt. Doch die Nachricht von der Auferstehung Jesu verbreitet sich bald. Und die Apostelgeschichte erzählt davon, wie die Jünger Jesu in der Zeit nach seinem Tod weiterleben. Sie werden vom Heiligen Geist erfüllt und beginnen in dieser „Begeisterung" und im festen Glauben an die Auferstehung ihr Wirken. Sie tragen die Botschaft Jesu weiter. Bald bilden sich Gemeinden von Menschen, die sich „Christen" nennen, zuerst im östlichen, dann im westlichen Mittelmeerraum. Diese ersten Christen haben jedoch auch mit großen Schwierigkeiten zu kämpfen. Sie werden verfolgt und verstoßen, ihr Glaube als Irrglaube abgelehnt. Doch Standhaftigkeit und der tiefe Glaube an die Wahrheit lassen sie auf ihrem Weg weitergehen.

Du bist Petrus,
und auf diesen Felsen werde ich
meine Kirche bauen ...
Matthäus 16,18

**SEID STETS BEREIT,
JEDEM REDE UND ANTWORT
ZU STEHEN, DER VON EUCH
RECHENSCHAFT FORDERT
ÜBER DIE HOFFNUNG,
DIE EUCH ERFÜLLT ...**

1 PETRUS 3,15

Simon Petrus – einer der zwölf Apostel – ist Fischer und mit seinem Bruder Andreas bei der Arbeit auf dem See von Galiläa, als Jesus ihn auffordert, ihm nachzufolgen. Petrus geht mit ihm und bleibt von da an immer in seiner Nähe. Das Neue Testament zeigt uns Petrus als sehr menschlichen Mann, denn er stellt an Jesus und an sich selbst viele wichtige Fragen. Auch fordert er Jesus immer wieder auf, seine Botschaft noch begreifbarer zu machen. Jesus verurteilt das nicht, im Gegenteil: In Petrus sieht er einen sehr vertrauenswürdigen und bedeutenden Zeugen. Er nennt ihn daher den „Fels" (Petrus), auf den er seine Kirche bauen will (Mt 16,18). Für die Ausbreitung des Christentums spielt Petrus eine grundlegende Rolle. Später stirbt er in Rom für seinen Glauben an Jesus Christus.

PAULUS

† 64/67 n. Chr.

Als sich die Nachricht von der Auferstehung verbreitet und die Christen immer mehr Menschen für ihren Glauben gewinnen können, wächst mit der Größe ihrer Glaubensgemeinschaft auch die Ablehnung dieses Glaubens. Die Oberen der Länder haben Sorge, dass diese Christen Unruhe bringen, dass die Ordnung durcheinandergebracht werden könnte. Auch die Juden stehen den Christen skeptisch gegenüber. Manche von ihnen setzen sogar alles daran, sie zu bekämpfen, weil sie ihren Glauben an Gott verraten sehen.

Aber die Christen wollen weder dem Staat Unglück bringen noch den jüdischen Glauben bezweifeln. Sie sehen sich zunächst vielmehr in der Tradition des Judentums stehend. Denn Jesus selbst war, wie Maria, seine Mutter, jüdischer Abstammung. Für ihn ist die Tora, die die Christen heute das Alte Testament nennen, Grundlage seines Glaubens und Lebens. Und die ersten Christen erfüllen wie die Juden die Gesetze und Vorschriften, die darin beschrieben sind.

Jagt der Liebe nach!
1 Korinther 14,1

FÜR JETZT BLEIBEN GLAUBE, HOFFNUNG, LIEBE, DIESE DREI; DOCH AM GRÖßTEN UNTER IHNEN IST DIE LIEBE.

1 KORINTHER 13,13

Paulus ist von Geburt Jude. Sein Name ist eigentlich Saulus. Als Saulus verfolgt er die Christen lange Zeit mit bitterer Gewalt, um sie möglichst ganz zu vernichten. Um 35, als er auf dem Weg nach Damaskus ist, um die dort lebenden Christen gefangen zu nehmen, erlebt er eine ganz besondere Bekehrung: Er hört die Stimme Jesu und wird von blendendem Licht umstrahlt.

Von da an wandelt er seine Gesinnung und wird zu einem der leidenschaftlichsten und eifrigsten Anhänger Jesu. Seine zahlreichen Briefe, auf langen Missionsreisen entstanden, zeigen uns dies eindrücklich und sind auch heute noch ein wertvoller Schatz.

Paulus ist ein wichtiger Mensch in der Anfangsgeschichte der Kirche. Er hat Unzählige von der Botschaft von der Liebe Gottes überzeugt. Sogar sein Leben hat er für den Glauben an Jesus Christus gegeben.

Berufung?

Was hat das mit mir zu tun?

Wozu sollte ich berufen sein?

Das ist doch nur was für **Heilige,**

vielleicht noch für **Priester**

oder **Ordensleute …**

Wirklich?

Eine Berufung haben, das bedeutet, die eigenen Begabungen und Talente als Geschenke Gottes anzusehen.
Als Geschenke, die nicht dafür da sind, versteckt und gehütet zu werden, sondern an andere weitergeschenkt zu werden.
Eine Berufung zu haben bedeutet, den eigenen Platz in der Welt zu suchen und zu finden und damit an der Zukunft der Menschen mit Gott mitzuwirken.

„Wir alle sind berufen,
heilig zu sein, indem wir in der Liebe
leben und im täglichen Tun
unser persönliches Zeugnis ablegen,
jeder an dem Platz,
an dem er sich befindet."
Papst Franziskus

IGNATIUS VON ANTIOCHIEN

um 35 n. Chr.–um 117 n. Chr.

Obwohl die Anhänger Jesu – nicht nur Petrus und Paulus – lange Missionsreisen durch den ganzen Mittelmeerraum unternehmen, bleibt das Zentrum des jungen Christentums zunächst weiterhin die Stadt Jerusalem. Dort sind die meisten Christen zuvor Juden gewesen; daher spricht man von Judenchristen. Doch das Leben und vor allem die Feier der Eucharistie, des Abendmahls, die Christus selbst seinen Gläubigen aufgegeben hat, provoziert bei vielen Juden Argwohn und Ablehnung. Sie sehen im christlichen Glauben eine Bedrohung für ihre eigene Lehre. Daher entbrennt ein Konflikt, der zur Verfolgung der Christen durch die Juden führt. Die Christen verlassen Jerusalem.

Bald öffnen sich die jungen christlichen Gemeinden auch Nicht-Juden. Sogenannten Heidenchristen wird die christliche Taufe und damit die Aufnahme in die Gemeinden erlaubt. Die Ausbreitung des Christentums nimmt damit enorm zu. Und auch in Rom gibt es bald eine christliche Gemeinde, die vermutlich durch Petrus selbst gegründet wird.

In Antiochia nannte man die Jünger zum ersten Mal Christen.
Apostelgeschichte 11,26

DENN ICH BIN GEWISS:
WEDER TOD NOCH LEBEN ...,
WEDER GEGENWÄRTIGES
NOCH ZUKÜNFTIGES ...,
WEDER HÖHE ODER TIEFE ...
KÖNNEN UNS SCHEIDEN
VON DER LIEBE GOTTES,
DIE IN CHRISTUS JESUS IST,
UNSEREM HERRN.

RÖMER 8,38–39

Im ganzen Mittelmeerraum entstehen immer mehr christliche Gemeinden, die von einem Bischof geleitet werden. Der römische Kaiser wird auf diese Religion aufmerksam und lässt die Christen verfolgen.

Auch um das Jahr 100 gibt es wieder eine Verfolgung. Jeder kann jeden anzeigen. Was muss ein Gefangener tun, um zu widerlegen, dass er Christ ist? Er muss ein Gebet an die römischen Götter nachsprechen, das Bild des römischen Kaisers verehren und Jesus Christus beleidigen. Wie viele andere Christen auch, weigert sich Ignatius, der Bischof von Antiochia, einem Ort in der Türkei, dies zu tun und wird vom Kaiser selbst zum Tode verurteilt. Er wird nach Rom geschickt und dort den Raubtieren zum Fraß vorgeworfen. Ignatius schreibt in einem seiner Briefe: „Mit meinem Tod bin ich Zeuge, dass es Jesus gibt."

KAISER KONSTANTIN DER GROßE

um 288–337

Die Christen haben es in der Antike nicht leicht. Immer wieder gehen große Verfolgungswellen über das sich ausbreitende Christentum hinweg, weil die Lebensweise und die Botschaft der Christen den übrigen Menschen anderen Glaubens und besonders den römischen Herrschern nicht passen. Die Römer glauben, dass von der Verehrung ihrer Kaiser das Wohl des Staates abhängt. Die Christen aber lehnen es ab, außer Gott jemand anderen anzubeten und zu verehren. So geraten der christliche Glaube und der Glaube der Römer immer wieder in Konflikt, und durch Verfolgungen und Verbote der Religionsausübung sollen die Christen vernichtet werden.

Erst unter Kaiser Konstantin wird es für die Christen ruhiger. Im Jahr 312 setzt er durch, dass den Christen Gleichberechtigung mit den übrigen Kulten und Religionen zugesichert wird. Später begünstigt Konstantin selbst das Christentum immer mehr. Nach langen Zeiten grausamer Verfolgungen kann es sich nun endlich ungehindert ausbreiten. Die Christen können am öffentlichen Leben teilnehmen und frei ihre Botschaft verkünden.

Was ihr für einen meiner geringsten Brüder getan habt, das habt ihr mir getan.
Matthäus 25,40

**WIR GLAUBEN AN DEN EINEN GOTT,
DEN VATER, DEN ALLMÄCHTIGEN …
UND AN DEN HERRN JESUS CHRISTUS,
GOTTES EINGEBORENEN SOHN …
GOTT VON GOTT, LICHT VOM LICHT,
WAHRER GOTT VOM WAHREN GOTT …**

AUS DEM GLAUBENSBEKENNTNIS
VON NICÄA UND KONSTANTINOPEL

Kaiser Konstantin steht im Jahr 312 vor den Toren der Stadt Rom und besiegt – trotz zahlenmäßiger Unterlegenheit – die gegnerischen Truppen. Legenden berichten davon, dass er und seine Soldaten in der Nacht vor der Schlacht ein strahlendes Kreuz am Himmel sehen, auf dem geschrieben steht: „In diesem Zeichen siege." Konstantin ist kein Christ, doch er sieht in diesem Sieg eine Bestätigung Gottes für sein Handeln.
Der christliche Glaube gewinnt im Laufe der Regierungszeit Konstantins immer mehr Anhänger und wird für den Kaiser zum verbindenden Element der vielen verschiedenen Völker seines Reiches.
325 ruft Konstantin alle Bischöfe zu einem Konzil in Nicäa zusammen. Es geht um die Frage: Wer war Jesus eigentlich? Mensch, Gott …? Zum Abschluss dieser Versammlung wird das Glaubensbekenntnis beschlossen, das wir heute im Gottesdienst beten. Erst kurz vor seinem Tod lässt sich Kaiser Konstantin taufen.

MARTIN VON TOURS

um 316–397

Das Christentum hat nun einen Platz im öffentlichen Leben erhalten. Aber es darf nicht übersehen werden, dass dies auch Gefahren mit sich bringt: Bald wird es die führende Religion im Staat. Konstantin, der die Christen aus eigener persönlicher Überzeugung unterstützt, nimmt nun auch als Kaiser Aufgaben in der Kirche wahr und trägt damit dazu bei, dass die Grenzen zwischen Staat und Kirche undeutlicher werden. Immer mehr Menschen werden Christen, aber nicht alle aus persönlicher Glaubensüberzeugung, sondern in der Hoffnung, sich durch die Zugehörigkeit zu dieser anerkannten Glaubensgemeinschaft Vorteile für das eigene Weiterkommen zu sichern. Damit droht die Kirche zu einer Kirche der Masse zu werden, die verflacht und an Überzeugungskraft einbüßt. Den Christen ist in dieser Situation die Aufgabe gegeben, den richtigen Weg zwischen der Öffnung zur Welt und dem Festhalten an überirdischen Prinzipien zu finden. Bemerkenswerte Menschen helfen, dass die Kirche auch in dieser Zeit des Übergangs ihre Strahlkraft behält und nicht zu einer vom Staat benutzen Einrichtung wird.

... was ihr einem dieser Geringsten meiner Brüder getan habt das habt ihr mir getan.
Matthäus 25,40

**CHRISTUS HAT KEINE HÄNDE,
NUR UNSERE HÄNDE,
UM SEINE ARBEIT HEUTE ZU TUN.
ER HAT KEINE FÜSSE, NUR UNSERE FÜSSE,
UM MENSCHEN AUF SEINEN WEG ZU FÜHREN.
CHRISTUS HAT KEINE LIPPEN, NUR UNSERE LIPPEN,
UM MENSCHEN VON IHM ZU ERZÄHLEN.
ER HAT KEINE HILFE, NUR UNSERE HILFE,
UM MENSCHEN AN SEINE SEITE ZU BRINGEN.**

ÜBERLIEFERT

Martin wird christlich erzogen und muss auf Wunsch seines Vaters – eines heidnisch-römischen Tribuns – Soldat bei einer römischen Reiterabteilung in Gallien werden. Er scheidet aber mit 18 Jahren aus dem Heer aus und wird von Hilarius, dem späteren Bischof von Poitiers, getauft. In dieser Zeit geschieht nach der Legende das, was Martin weltberühmt macht: Er begegnet – noch als Soldat auf seinem Pferd – am Stadttor von Amiens einem frierenden Bettler und schenkt ihm die Hälfte seines Mantels. In der folgenden Nacht erscheint ihm Christus, mit diesem Mantelstück bekleidet. Martin missioniert in Pannonien und zieht sich später als Einsiedler auf die Insel Gallinaria im Golf von Genua zurück.
360 ruft ihn Bischof Hilarius nach Poitiers. Aus seiner hier errichteten Einsiedlerzelle entwickelt sich das erste Kloster Galliens. 371 wird Martin gegen seinen Willen auf Drängen des Volkes Bischof von Tours. Er lebt einfach, verzichtet auf alle Privilegien. Martin stirbt auf einer seiner Missionsreisen und wird am 11. November beigesetzt.

AURELIUS AUGUSTINUS

354–430

Die ersten Generationen von Gläubigen sind noch so eng mit dem Leben Jesu und den Erzählungen darüber verbunden, dass die Inhalte des Glaubens zumeist mündlich weitergegeben werden. Dann entstehen die Evangelien und die Briefsammlungen, also das Neue Testament. Es ist und bleibt das wichtigste Zeugnis, das wir über Jesu Leben, Tod und Auferstehung besitzen. Im Laufe der Zeit stellen sich die Menschen immer mehr Fragen, auf die sie Antworten suchen: Wie kann der Mensch Jesus der Sohn Gottes sein? Wie kann Jesus dann zugleich Mensch und Gott sein? Was bedeutet Dreieinigkeit? … Diese und viele weitere Fragen beschäftigen die Menschen so sehr und so grundlegend, dass sie darüber heftig streiten. Nach und nach entstehen immer mehr theologische Schriften einzelner gläubiger, zumeist sehr gebildeter Menschen, in denen es um den Glauben und die angemessene Rede von Gott geht. Häufig wird versucht, mit philosophischen Mitteln zu erklären, was für den Menschen so schwer zu verstehen und doch so einleuchtend ist. Nicht selten enden solche Ausführungen in einem Gebet voller Bewunderung für den großen, unbegreiflichen Gott.

Gott ist uns näher, als wir uns selber sind.
Aurelius Augustinus

BEDENKE: EIN STÜCK DES WEGES LIEGT HINTER DIR, EIN ANDERES STÜCK HAST DU NOCH VOR DIR. WENN DU VERWEILST, DANN NUR, UM DICH ZU STÄRKEN, NICHT ABER, UM AUFZUGEBEN.

AURELIUS AUGUSTINUS

Aurelius Augustinus ist einer der bedeutendsten Kirchenlehrer im frühen Christentum. Er ist einer der Ersten, der intensiv über den christlichen Glauben nachdenkt und alles in Briefen und Predigten niederschreibt. Seine Mutter Monika ist Christin. So hört er als Kind viel von Gott, doch er kann mit dem christlichen Glauben eigentlich nicht viel anfangen. Augustinus ist ein begabter Schüler und später ein glänzender Redner. Nach Studienjahren in Karthago arbeitet er dort als Lehrer, später in Rom und Mailand. Er ist begeistert von den Predigten des Mailänder Bischofs Ambrosius und beginnt ein Studium der Bibel, besonders der Briefe des Apostels Paulus. Als er sich eines Tages im Garten unter einem Baum ausruht, hört er eine Kinderstimme, die ruft: „Nimm und lies!" Er schlägt ein Buch mit den Briefen des Apostels Paulus auf und befolgt die Anweisung, die er darin liest: sein Leben zu ändern und sich Jesus Christus zuzuwenden. Er kehrt in seine Heimatstadt Thagaste zurück, wird hier zum Priester geweiht und später zum Bischof des Bistums.

BENEDIKT VON NURSIA

um 480–547

Von jeher, aber besonders in der Zeit Konstantins, als sich die Kirche dem weltlichen Leben immer mehr annähert, fragen sich viele Christen, was die dem Glaubenden angemessene Lebensform ist. So entstehen im Laufe der Zeit verschiedene Wege, auf denen Menschen ihren Glauben leben: in Familie, Beruf und Gesellschaft oder in einer zur Welt gänzlich alternativen Lebensform. Einige Menschen ziehen sich ganz aus der Welt zurück und leben als Einsiedler. Sie wollen ihr Leben allein mit Gott teilen. Andere leben in einer Gemeinschaft von ehelos lebenden Menschen – als Mönche – ein von Gebet und Arbeit für Gott erfülltes Leben.

Die entstehenden Formen des Einsiedler- oder Mönchtums bedeuten keineswegs Weltflucht oder gar Weltfeindlichkeit. Sie zeigen vielmehr, dass es verschiedene Wege der Nachfolge Jesu gibt, und verdeutlichen in besonderer Weise die Wichtigkeit von Gebet, Stille und gesunder Distanz des Christen zu dem, was uns im alltäglichen, weltlichen Leben oft gefangen zu nehmen droht.

Dem anderen nicht antun, was man selbst nicht erleiden möchte.
Benedikt von Nursia

DEN ZORN NICHT
ZUR TAT WERDEN LASSEN.
DER RACHSUCHT NICHT
EINEN AUGENBLICK NACHGEBEN.
KEINE ARGLIST IM HERZEN TRAGEN.
NICHT UNAUFRICHTIG
FRIEDEN SCHLIEẞEN.
VON DER LIEBE NICHT LASSEN.

BENEDIKT VON NURSIA

Benedikt ist der Gründer des Benediktinerordens. Schon als junger Mann zieht er sich – nach einer kurzen Studienzeit im sehr weltlich gewordenen Rom – in die Einsamkeit zurück, um in der Stille ganz auf Gottes Stimme hören zu können. Viele Menschen kommen zu ihm, um von seinem Weg mit Gott zu hören und zu lernen. Er gründet Klöster in Subiaco und Monte Cassino, denen nach seinem Tod im Laufe der Jahrhunderte noch viele Klöster folgen. Hier wird das Wissen der Antike bewahrt und weitergegeben. Benedikt gibt sich und den Mönchen eine Regel, nach der bis heute Frauen und Männer in benediktinischen Gemeinschaften in der ganzen Welt leben.

DAS MITTELALTER

KIRCHENGESCHICHTE	um 389–461 Patrick	672–754 Winfried Bonifatius			1096–1228 Kreuzzüge um 1098–1179 Hildegard von Bingen

WELTGESCHICHTE	ab 449 Angeln und Sachsen in Britannien	ab 635 Ausbreitung des Islam	800 Kaiserkrönung Karls des Großen	962 Kaiserkrönung Ottos des Großen	

1181/82–1226
Franz von Assisi

1207–1231
Elisabeth von Thüringen

um 1225–1274
Thomas von Aquin

ab 1309
Exil der Päpste in Avignon

1347–1380
Katharina von Siena
1378
Spaltung der Kirche wegen der Frage nach dem rechtmäßigen Papst

1272
Marco Polo reist nach China

1346–1353
Pestepidemie, ca. ein Drittel der Europäer stirbt

1337–1453
Hundertjähriger Krieg

PATRICK

um 389–461

Das Römische Reich, in dem die Kirche zur Blüte und zu ihrer festen Form gekommen ist, beginnt immer mehr zu zerfallen. Während der Völkerwanderung dringen die Germanen von Westen her in das Reich ein und treffen seinen Lebensnerv, als sie im Jahr 410 die Stadt Rom erobern und plündern. Bald kommen die Franken zu immer größerer Macht und mit ihnen setzt sich eine neue Kirchenstruktur durch. Der König macht sich selbst zum Herrn der Kirche und greift in ihre Angelegenheiten ein. Wichtiger als das innere wird das äußere Leben der Kirche: Prunk und Pracht ziehen Massen von Menschen an, die sich taufen lassen. Und die Kirche droht zu erstarren, weil die Lebendigkeit und die Kraft aus dem Glauben fehlen. Irland allerdings ist nie von den Römern erobert worden. Es behält daher auch in der Zeit der Völkerwanderung und der daraus folgenden Neuordnungen seine Sonderstellung. Schon im 4. Jahrhundert ist Irland christlich geworden; der heilige Patrick wirkt dort im 5. Jahrhundert als Missionar. So geht auch Irlands Kirche einen eigenen Weg, der nicht unter dem Druck der weltlichen Herrscher steht, und kann in der Folgezeit wichtige Impulse an die Kirche auf dem Kontinent weitergeben.

Wen du auch triffst ...
ein freundlicher Blick von dir
möge ihn treffen.
Aus Irland

DU GOTT DER ANFÄNGE, LEGE DEIN ANGESICHT AUF UNS, WENN UNSER HERZ SICH SEHNT NACH WÄRME UND GLÜCK, NACH FREUNDSCHAFT UND BEGEGNUNG. LASS DEN SEGEN DEINES LICHTES MIT UNS SEIN.

IRISCHER SEGENSSPRUCH

Patrick lebt von ungefähr 389 bis 461. Er wird als Sklave nach Irland verschleppt und lernt so das Land und die Sprache kennen. Später kehrt er in seine britische Heimat zurück und wird Mönch. Erst 432 geht er wieder nach Irland, um dort als Missionar und Bischof zu arbeiten. Ihm ist es zu verdanken, dass die Kirche in Irland Fuß fassen kann und sehr viele Iren zum christlichen Glauben kommen. Denn dass er die Landessprache spricht, öffnet ihm sofort die Türen zu den Herzen der Menschen, die den Glauben damit als ihre „eigene Sache“ erfahren. Viele Wunderberichte gibt es über das Leben Patricks. Der Auftrag, Mönch und Missionar zu werden, soll ihm im Traum gegeben worden sein. In Irland wird er bis heute sehr verehrt: Große Pilgerstätten und die jährliche Feier des St.-Patrick's-Day zeigen, wie bedeutend der Missionar für das Leben auf der Insel ist.

WINFRIED BONIFATIUS

672–754

Vom 7. Jahrhundert an kommen die Karolinger zu immer größerer Macht, die in der Kaiserkrönung Karls des Großen im Jahr 800 ihren Höhepunkt hat. Diese Krönung findet in Rom statt und ist das deutliche Zeichen dafür, dass eine neue Verbindung zwischen Papst und Kaiser, kirchlicher und staatlicher Autorität besteht. Bemerkenswert daran ist, dass der Kaiser sich nur vom Papst die Krone aufsetzen lässt, weil er keinen anderen über sich stehen sieht. Wie ist es zu dieser veränderten Lage gekommen?
Willibrord und Bonifatius, beide Angelsachsen, ziehen als Missionare mit päpstlicher Beauftragung durch das ganze Reich, um die Kirche aus ihrer Erstarrung zu neuem Leben zu erwecken. Sie werden dabei vom König unterstützt und finden so auch bei den Großen des Volkes Gehör. Die Karolinger, zu der Zeit noch keine Herrscher, verbinden sich eng mit der Kirche. Als sie schließlich immer mächtiger werden, begründen sie ihre Macht und Herrschaft dadurch, dass sie sich als von Gott zur Herrschaft berufen sehen. Der Papst unterstützt sie in dieser Auffassung. So wird eine neue Beziehung zwischen weltlicher und kirchlicher Macht begründet.

Geht hinaus in die ganze Welt und verkündet das Evangelium der ganzen Schöpfung!
Markus 16,15

GOTT, SEGNE DIE ERDE UNTER MEINEM SCHRITT. GOTT, SEGNE ALLES, WORAUF MEIN BLICK RUHT. GOTT, SEGNE ALLES, WORAUF MEINE HOFFNUNG BAUT. GOTT, SEGNE MEINEN VERSTAND UND WILLEN.

ÜBERLIEFERT

Winfried ist Missionar in Germanien. Der englische Mönch erhält vom Papst einen offiziellen Missionsauftrag und ändert daraufhin – so war es damals üblich – seinen Namen. Er nimmt den Namen des heiligen Bonifatius an.

Winfried Bonifatius predigt bei den germanischen Stämmen, die sichtbare Götterbilder aus Holz, Stein und Metall verehren, vom unsichtbaren und einzigen Gott. Um zu zeigen, dass es keinen Gott Donar gibt, der mit seinem Zorn auf ihn niederfährt, fällt er eine Eiche bei Geismar, von der die Germanen glauben, dass Donar mit ihr verbunden ist. Viele Germanen lassen sich im Laufe der langen Jahre der Mission von Winfried Bonifatius taufen. Er wird zum Priester und Bischof geweiht, gründet Klöster und die Bistümer Würzburg und Erfurt. Er wird auf einer Missionsreise ermordet und in seinem Lieblingskloster in Fulda beigesetzt.

STEHT AUF UND FÜRCHTET EUCH NICHT!

Matthäus 17,7

Jesus ist mit Petrus, Jakobus und Johannes auf einem hohen Berg. Dort erleben diese drei mit Jesus etwas ganz Besonderes, das, was im Evangelium „Verklärung“ genannt wird. Petrus, Jakobus und Johannes sind ergriffen und wollen am liebsten an diesem Ort bleiben, aber Jesus steigt mit ihnen wieder vom Berg herab.

Steht auf und fürchtet euch nicht!

Es kommt auf den Alltag an.

Steh auf, steh zu deiner Überzeugung!

Auch wenn es bequemer wäre, sich zurückzuziehen.

Hab keine Angst!

Dann kannst du deinen Weg gehen, erfüllt von dem, was dich trägt.

„Worauf es ankommt, ist, dass jeder Gläubige seinen eigenen Weg erkennt und sein Bestes zum Vorschein bringt, das, was Gott so persönlich in ihn hineingelegt hat (vgl. 1 Kor 12,7), und nicht, dass er sich verausgabt, indem er versucht, etwas nachzuahmen, das gar nicht für ihn gedacht war."

Papst Franziskus

HILDEGARD VON BINGEN

um 1098–1179

Das Mittelalter bringt für die Kirche eine lange Zeit, in der sie eng mit den Geschicken der weltlichen Herrscher verbunden ist. Zunächst machen Karl der Große und später Otto der Große sich selbst als Kaiser auch zu wichtigen Männern in der Kirche. Sie greifen stark in die Geschicke der Kirche ein und nehmen ihr dadurch Teile ihrer Eigenständigkeit. Doch helfen sie ihr durch ihren Einfluss auch, zu einer kulturellen Blüte zu kommen, die sie allein wohl kaum erreicht hätte. Im Hochmittelalter aber, also in der Zeit von ungefähr 1050 bis 1300, wird das Verhältnis zwischen Kirche und Staat langsam neu geordnet. Die Kirche erkennt mehr und mehr die Gefahr, durch den Kaiser bevormundet und von ihm zu seinen Zwecken benutzt zu werden. Das widerspricht ihrem Selbstverständnis und ihrem Anliegen, nicht für das Wohl des Staates, sondern in erster Linie für das Heil und den Glauben des Menschen zu sorgen. Aus diesem Grund entstehen innerhalb der Kirche verschiedene Reformbewegungen, die oft von Klöstern, z. B. vom Kloster Cluny in Burgund/Frankreich, ausgehen und die eine geistige Erneuerung der Kirche von innen heraus anstreben.

Für die Welt bist du jemand,
und für jemand bist du die Welt.
Hildegard von Bingen

VON DER TIEFE BIS HOCH ZU DEN STERNEN ÜBERFLUTET DIE LIEBE DAS ALL, SIE IST LIEBEND ZUGETAN ALLEM.

HILDEGARD VON BINGEN

Hildegard von Bingen ist uns bis heute als kluge und weitsichtige Frau bekannt. Schon als junges Mädchen hat sie die Gabe der Schau, die sie so beschreibt: „Was ich sehe, empfange ich nicht im Traum oder in Geistesgestörtheit. Ich sehe es nicht mit den Augen und brauche mich dazu nicht an einsame Orte zurückzuziehen. Als besäße ich Augen und Ohren tief in mir selbst, sehe und höre ich das, was Gott mir zeigen möchte." So erschließt sich ihr auch der Sinn der Bibel. Sie lässt ihre Erfahrungen aufzeichnen und darf diese mit Zustimmung des Papstes veröffentlichen. Sie verfasst Bücher zur Heil- und Naturkunde und dichtet religiöse Lieder. Hildegard gründet das Kloster Bingen am Rhein, wo sie mit ihren Schwestern nach der benediktinischen Regel lebt, und später das Kloster Eibingen. Ihr ganzes Leben lang hat sie keine Furcht davor, die Päpste, Bischöfe und Fürsten auf falsches Verhalten hinzuweisen. Die Mächtigen suchen – wie viele Frauen und Männer aus anderen Schichten – Rat bei ihr.

FRANZ VON ASSISI

1181/82–1226

Neben dem Christentum breitet sich seit dem 7. Jahrhundert eine weitere Religion aus: der Islam. Besonders im Heiligen Land leben bald viele Moslems. Dies lässt im Mittelalter bei den Christen einen regelrechten Eroberungsdrang erwachen, denn in ihren Augen gehört das Land, in dem die „Wiege" des Christentums stand, wieder in ihre Hände. So entsteht die Kreuzzugbewegung. Mit einer Mischung aus Missionsgeist und Kampfbereitschaft ziehen Unzählige, vom Papst selbst dazu aufgerufen, in den Jahren zwischen 1096 und 1254 immer wieder aus, um das Heilige Land mit Gewalt zurückzuerobern.

Doch selbst in dieser Zeit des Grauens entstehen neue Keime des christlichen Lebens. Steht im Frühmittelalter noch das religiöse Gemeinschaftserlebnis im Mittelpunkt, so erwacht nun eine ganz persönliche Auseinandersetzung mit dem Glauben und der Frage, welchen Einsatz man als Einzelner bereit ist, für diesen Glauben zu erbringen. Es entsteht die Armutsbewegung: In einem Leben in Armut und Gebet will man Christus nachfolgen und dabei allem Weltlichen, das von Christus ablenkt, entsagen. Im 12./13. Jahrhundert entstehen die sogenannten Bettelorden der Franziskaner und der Dominikaner, der Augustiner- Eremiten und der Karmeliten.

Gelobt seist du, mein Herr,
durch unsere Schwester,
Mutter Erde, die uns
ernährt und lenkt ...
Aus dem Sonnengesang
des Franz von Assisi

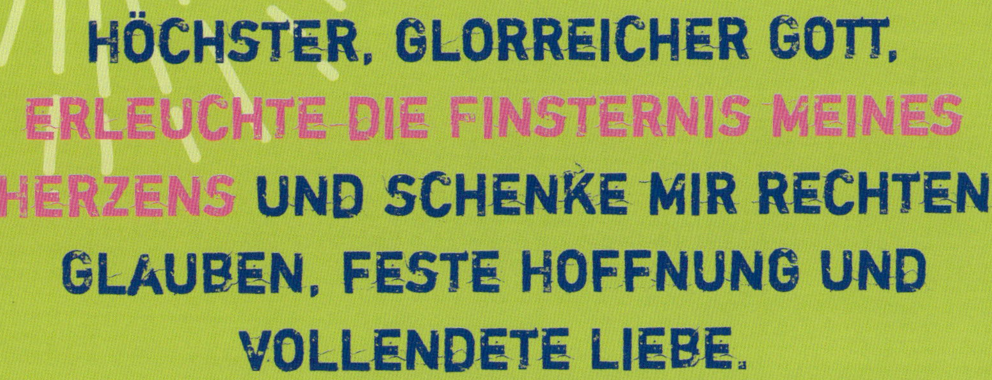

Franz ist das Kind eines reichen Tuchhändlers. Als es zum Krieg zwischen seiner Heimatstadt Assisi und Perugia kommt, nimmt Franz daran teil und gerät in Gefangenschaft. Sein Vater kauft ihn frei. Der Sohn ist seit dieser Zeit verändert: Reichtum, sorgenfreies Leben – all das ist nicht mehr so wichtig. Dann bittet ihn Jesus in der Kirche San Damiano vom Kreuz herab, seine Kirche wieder aufzubauen. Franz verkauft Stoffballen seines Vaters, um die verfallene Kirche zu renovieren. Der Vater tobt, Franz legt im Beisein des Bischofs alle Kleidung ab und sagt sich von seiner Familie und seinem früheren Leben los. Nun kennt er seine Berufung: Er will allen Menschen von Jesus Christus erzählen. Barfuß, im einfachen braunen Gewand und mit einem Strick als Gürtel zieht er von nun an umher und spricht von der Liebe Gottes. Bald schließen sich ihm Gefährten an. Franz wird zu einem der bekanntesten Menschen seiner und unserer heutigen Zeit. In vielen Gemeinschaften leben Männer und Frauen nach seinem Vorbild.

ELISABETH VON THÜRINGEN

1207–1231

Das 12. und 13. Jahrhundert bringt auch in dem Gebiet, das heute Deutschland heißt, ein vorher nicht gekanntes Bevölkerungswachstum. Unzählige neue Dörfer und Städte werden gegründet, das gesamte wirtschaftliche und gesellschaftliche Leben verändert sich. Mit dem Anwachsen der Bevölkerung wächst auch die Armut unter den Menschen. Denn kaum jemand hat die Möglichkeit, den Stand, in den er hineingeboren worden ist, durch Arbeit oder Verdienst zu verlassen. Die Gesellschaft ist eingeteilt in Freie und Unfreie, Adelige und Bürger. Lediglich das Rittertum ist ein Stand, in den man auch durch besondere Begabung gelangen kann. Die Kluft zwischen Armen, denen das Nötigste zum Leben fehlt, und Reichen, die in großem Überfluss leben, wird immer größer. Die Kirche, selbst zumeist auf der Seite der Reichen, muss um ihre Glaubwürdigkeit kämpfen, denn ihr Auftrag ist und bleibt auch oder vor allem die Sorge um die Armen und Schwachen. Während viele Bischöfe und Pfarrer den Prunk und Reichtum der Kirche sehr schätzen, gibt es immer wieder Einzelne, die sich auf Jesu Botschaft besinnen und sich für die Armen einsetzen.

Ich habe euch immer gesagt, ihr müsst die Menschen froh machen.
Elisabeth von Thüringen

DENN ICH WAR HUNGRIG UND IHR HABT MIR ZU ESSEN GEGEBEN; ICH WAR DURSTIG UND IHR HABT MIR ZU TRINKEN GEGEBEN; ICH WAR FREMD UND IHR HABT MICH AUFGENOMMEN; ICH WAR NACKT UND IHR HABT MIR KLEIDUNG GEGEBEN; ICH WAR KRANK UND IHR HABT MICH BESUCHT; ICH WAR IM GEFÄNGNIS UND IHR SEID ZU MIR GEKOMMEN.

MATTHÄUS 25,35–36

Elisabeth steht mit ihrer Person für den Begriff „Nächstenliebe". Als Gräfin von Thüringen verlässt sie täglich die Wartburg und kümmert sich um die Armen, Waisenkinder und Kranken. Während einer großen Hungersnot öffnet sie – mit der Erlaubnis ihres Mannes – die Kornkammern der Burg und verteilt die Vorräte. Nach dem frühen Tod des Grafen wird sie von der Burg verstoßen, erhält jedoch finanzielle Hilfe von Verwandten. Sie gründet ein Krankenhaus in Marburg, das „Franziskus-Hospital". Hier betreut sie – ganz im Sinne Franz von Assisis – Kranke, die in keinem anderen Haus mehr aufgenommen werden.

In die Zeit nach dem Tod ihres Mannes fällt die Legende vom „Rosenwunder": Elisabeth möchte einen Korb voll Brot zu den Armen bringen und wird dabei von ihrem Schwager aufgehalten. Der meint zu wissen, was sich in dem Korb befindet, und fragt sie danach. Sie antwortet: „Rosen, Herr." Und als sie das Tuch, das die Brote bedeckte, abnimmt, befinden sich duftende Rosen im Korb.

THOMAS VON AQUIN

1225–1274

Das Hochmittelalter ist für die theologische Wissenschaft eine Zeit großer Aufbrüche und neuer Gedanken. Gründe dafür sind z. B. die intensive persönliche Beschäftigung mit dem Glauben, die Erweiterung des Weltbildes und der Austausch zwischen den verschiedenen Völkern und Kulturen. Seit Jahrhunderten findet wissenschaftliches Arbeiten vor allem in den Klöstern statt. Hier gibt es Bibliotheken und Lesesäle, Schreibstuben und Studierzimmer. In Paris und Bologna entstehen nun die ersten Universitäten, später auch in anderen Städten. Sie werden schnell zum Zentrum der Wissenschaften. Sie sind für Menschen von überall her geöffnet und bieten Studien in vier Fächern: Nachdem jeder Student zunächst Philosophie studiert hat, kann er dann zwischen der Theologie, der Rechtswissenschaft und der Medizin wählen.

Im Zentrum des theologischen Interesses steht die Frage nach dem Verhältnis von Glaube und Vernunft. Kann man Gott erkennen, wie man Dinge der Natur erkennt? Kann der Mensch von sich allein zur Einsicht in den Willen und das Wesen Gottes kommen? Oder braucht es dazu die Hilfe, also die Gnade Gottes selbst, der allein dem Menschen das Licht des Glaubens schenken kann?

Schenk mir, o Gott, Verstand,
der dich erkennt.
Thomas von Aquin

ALLMÄCHTIGER, IMMERLEBENDIGER GOTT, SIEHE, ICH KOMME … ZU UNSEREM HERRN JESUS CHRISTUS – WIE EIN KRANKER ZUM ARZT DES LEBENS, WIE EIN BLINDER IN DIE HELLE DES UNENDLICHEN LICHTES, WIE EIN BETTLER ZUM HERRN DES HIMMELS UND DER ERDE.

THOMAS VON AQUIN

Thomas von Aquin ist ein Schüler des großen Gelehrten Albertus Magnus. Er wird um 1225 als Sohn der gräflichen Familie von Aquino geboren. Als junger Mann tritt er gegen den Willen seiner Familie in den Dominikanerorden ein.
Schon bald lehrt er an den Universitäten von Paris, Rom und Neapel und verfasst theologische Schriften. Er verbindet sein philosophisches und theologisches Wissen dabei auf bemerkenswerte Weise. Außerdem gelingt es ihm, das Denken anderer Kulturen und Zeiten mit dem christlichen Denken in Verbindung zu bringen und für die Theologie fruchtbar zu machen. Daher wird seine Theologie bis heute als wichtiger Meilenstein angesehen.
Auf einer Reise stirbt er im März 1274.

KATHARINA VON SIENA

1347–1380

Zu Beginn des 14. Jahrhunderts verlegen die Päpste, eng mit der französischen Krone verbunden, ihren Sitz nach Avignon in Frankreich. Auf Drängen von Katharina von Siena kehrt der Papst nach Rom zurück, stirbt aber kurze Zeit später. Die Römer drängen die Kardinäle zur Wahl eines Italieners. So geht Urban VI. als neuer Papst aus dieser Wahl hervor. Doch kaum haben die französischen Kardinäle Rom verlassen, erklären sie die Wahl aufgrund des ausgeübten Drucks für ungültig. In Avignon wählen sie daher neu: Benedikt XIII. Somit gibt es nun zwei Päpste in der einen Kirche. Durch die Kirche geht ein tiefer Riss. Ganz Europa büßt seine kirchlich geprägte Einheit ein. 40 Jahre dauert diese Teilung. In Konstanz versucht man von 1415–1417 auf einem Konzil den Streit beizulegen; man setzt die amtierenden Päpste schließlich ab und wählt einen neuen Papst: Martin V. Durch den Beschluss, von nun an regelmäßig Konzilien, also Kirchenversammlungen, abzuhalten, sollen solche Wirren und Machtkämpfe in Zukunft verhindert werden.

Der Mensch hat keinen Grund zur Furcht. Denn Gott hat ihn stark gemacht gegen jeden Feind.
Katharina von Siena

O ABGRUND DER LIEBE! WIE SOLLTE EIN HERZ NICHT ZERSPRINGEN, WENN ES DIE HOHEIT ABSTEIGEN SIEHT ZU SOLCHER NIEDRIGKEIT WIE DIE UNSERER MENSCHENNATUR?

KATHARINA VON SIENA

Katharina von Siena wird als 24. Kind einer einfach lebenden Familie geboren. Schon als Kind lebt sie streng und übt aus eigenem Willen Verzicht. Im Alter von 18 Jahren tritt sie in den Orden der Dominikaner ein. Sie wird eine wichtige Theologin. Doch widmet sie sich niemals nur der Theologie, sondern engagiert sich auch in sozialen und in politischen Fragen. Sowohl der Kirche als auch weltlichen Einrichtungen steht sie als Beraterin zur Seite. Sie ruft immer wieder zu einem Leben aus dem Glauben, zu Umkehr und Buße auf. Zugleich kümmert sie sich um Arme und Kranke. Bei der Pflege Pestkranker steckt sie sich selbst sogar einmal an.

Katharinas Leben ist fest im Gebet und in der Meditation verankert. Daraus schöpft sie Kraft für die vielen und anstrengenden Aufgaben im Orden, in der Politik, in der Kirche und in der Gesellschaft.

DIE NEUZEIT

KIRCHENGESCHICHTE	1477/78–1535 Thomas Morus	1484–1566 Bartolomé de Las Casas	1483–1546 Martin Luther	1491–1556 Ignatius von Loyola 1540 Anerkennung des Jesuitenordens

WELTGESCHICHTE	1492 Christoph Kolumbus entdeckt Amerika	1534 Trennung der englischen Kirche von Rom	1545 Konzil von Trient	1555 Augsburger Religionsfrieden

1515–1582
Teresa von Avila

1591–1635
Friedrich Spee von Langenfeld

1801–1890
John Henry Newman
1803
Säkularisation

ab Mitte 19. Jh.:
Soziale Frage
1811–1877
Wilhelm Emmanuel von Ketteler
1813–1865
Adolph Kolping

1618–1648
Dreißigjähriger Krieg
1648
Westfälischer Frieden

1789
Französische Revolution

1804
Napoleon I.

1848
Revolution in Berlin und Paris

1871
Deutsches Kaiserreich

THOMAS MORUS

1477/78–1535

Der Epochenwechsel vom Mittelalter zur Neuzeit ist eine Zeit des Übergangs, der Aufbrüche und Neuanfänge. Wichtige Strömungen der Zeit sind die Renaissance und der Humanismus, wichtige Ereignisse die Entdeckung Amerikas und die Erfindung des Buchdrucks. Renaissance bedeutet Wiedergeburt. Gemeint ist, dass in dieser Zeit die Antike „wiedergeboren" wird, also ihre Ideale neu entdeckt werden, ihre Kunst wieder hoch geschätzt und nachgeahmt, ihr Menschenbild als erstrebenswert erkannt wird. Der Humanismus erhält ebenso seine Impulse aus der Renaissance. Er stellt den Menschen, das Individuum, in den Mittelpunkt seines Denkens. Entscheidend ist für die Humanisten, dass der Mensch einen freien Willen hat und Vernunft besitzt. So haben sie auch ein hohes Ideal des gebildeten Menschen, der die Sprachen der Antike (Griechisch und Latein) beherrscht, um die Schriften antiker Denker lesen zu können. Für uns heute ist es besonders wichtig, dass in dieser Zeit zum ersten Mal die Ideen von Menschenwürde und Menschenrechten formuliert werden, die jedem Menschen – gleich welcher Herkunft – immer zukommen.

Es kann nichts geschehen,
was Gott nicht will.
Thomas Morus

HERR, SCHENKE MIR SINN FÜR HUMOR. GIB MIR DIE GNADE, EINEN SCHERZ ZU VERSTEHEN, DAMIT ICH EIN WENIG GLÜCK KENNE IM LEBEN UND ANDEREN DAVON MITTEILE.

THOMAS MORUS

Thomas Morus studiert in Oxford griechische und lateinische Literatur, Französisch, Geschichte und Mathematik. Er lernt das Flöten- und Violinspiel, schreibt Komödien und Gedichte in englischer und lateinischer Sprache. Er ist fasziniert vom Leben der Kartäuser und überlegt, Priester zu werden, entscheidet sich dann aber für den Weg in die Politik. In seinem Buch „Utopia" hält er dem König und dem Adel seiner Zeit einen Spiegel vor, damit sie ihre Fehler erkennen. Thomas Morus wird zum Ritter geschlagen und Präsident des englischen Parlamentes. Gemeinsam mit dem König verfasst er Schriften gegen Martin Luther, wird als erster Nicht-Priester zum Lordkanzler von England ernannt. Er legt dieses Amt nieder, als Heinrich VIII. sich gegen Rom stellt und eine eigene Kirche gründet. Thomas Morus weigert sich, dem König als Oberhaupt dieser Kirche die Treue zu schwören, wird verhaftet, wegen Hochverrats angeklagt und hingerichtet. Er wird in der anglikanischen und in der katholischen Kirche als Heiliger verehrt.

BARTOLOMÉ DE LAS CASAS

1484–1566

Das Jahr 1492 ist in der Geschichte der ganzen Welt ein Schlüsseldatum. In diesem Jahr entdeckt Christoph Kolumbus Amerika. Von nun an werden fast alle süd- und mittelamerikanischen Länder von Spanien, der damals größten europäischen Macht, erobert. Die Einheimischen werden getötet oder versklavt. Die Eroberer der „Neuen Welt" sind auf der Suche nach Gold und Macht. An Bord der Schiffe sind – im Auftrag des spanischen Königs – immer auch Priester. Als Missionare sollen sie den Glauben in den eroberten Ländern ausbreiten – wenn es sein muss, mit Gewalt. Und so wird die christliche Botschaft für die Ureinwohner Süd- und Mittelamerikas zu einer Botschaft des Schreckens. Denn ihr eigener Glaube wird missachtet, ihre Kultstätten und Heiligtümer werden zerstört. Die Missionare taufen in kurzer Zeit Millionen von Menschen, meist gegen deren Willen. Die Taufe wird damit genau zum Gegenteil dessen, was sie eigentlich ist: Aus dem Zeichen der Erlösung des Menschen wird eine Geste der Unterwerfung und der Unfreiheit.

Der Krieg ist Mord, Diebstahl, Raub, sterbende Kinder, Ehebruch, Schändung ...

Bartolomé de Las Casas

WIR WISSEN, DASS DER WEISSE MANN UNSERE ART NICHT VERSTEHT. EIN TEIL DES LANDES IST IHM GLEICH JEDEM ANDEREN, DENN ER IST EIN FREMDER, DER KOMMT IN DER NACHT UND NIMMT VON DER ERDE, WAS IMMER ER BRAUCHT.

AUS DER REDE DES HÄUPTLINGS SEATTLE

Der Spanier Bartolomé de Las Casas segelt 1502 nach Kuba, um sein Land in Besitz zu nehmen, das er sich durch den Militärdienst verdient hat. Zu diesem Landbesitz gehören auch Sklaven, Indios. Las Casas lässt sich zum Priester weihen, erlernt ihre Sprachen. Ein Text aus dem Buch Jesus Sirach verändert sein Leben: „Kärgliches Brot ist der Lebensunterhalt der Armen, wer es ihnen vorenthält, ist ein Blutsauger. Den Nächsten mordet, wer ihm den Unterhalt nimmt, Blut vergießt, wer dem Arbeiter den Lohn vorenthält."
Las Casas bezieht diese Bibelstelle auf sich und seine Situation. Er verzichtet auf seinen Landbesitz, entlässt die Sklaven in die Freiheit und kämpft von da an dafür, dass Spanier und Indios gleichberechtigt und friedlich miteinander leben. Auch soll kein Indio unter Zwang den christlichen Glauben annehmen müssen. Er scheitert am massiven Widerstand der Spanier vor Ort, kehrt nach Spanien zurück und lebt bis zu seinem Tod als Berater am königlichen Hof. Kuba und Nicaragua verehren ihn als Nationalheiligen.

**Macht meine Freude vollkommen,
dass ihr eines Sinnes seid,
einander in Liebe verbunden, einmütig,
einträchtig, dass ihr nichts aus Streitsucht
und nichts aus Prahlerei tut.**

**Sondern in Demut schätze
einer den andern höher ein als sich selbst.
Jeder achte nicht nur auf das eigene Wohl,
sondern auch auf das der anderen.**

Philipper 2,2–4

**Ohne Freunde, ohne Familie wäre das Leben leer und langweilig.
Aber es gibt Tage, an denen die anderen einfach nur anstrengend sind, irgendwie störend. An denen ich ihnen gerne sagen würde, was sie zu tun und zu lassen haben, damit es für mich passt. Das sind Momente, in denen jeder am Zusammenleben mit den anderen wachsen kann.
Die Momente, in denen sich jeder sagen muss:**

Es geht nicht nur um mich, es geht um uns.

**Es geht darum, dass ich mich nicht groß und dabei die anderen klein mache.
Das ist manchmal leichter gesagt als getan. Aber wenn der Weg nicht in den Stolz und den Hochmut und die Erschöpfung führen soll, sondern in die Freude, dann ist das der richtige Weg.**

„Wenn wir hochmütig und stolz vor den anderen leben,
sind wir am Ende müde und erschöpft.
Wenn wir aber ihre Grenzen und Fehler mit Milde
und Sanftmut sehen, ohne uns für besser zu halten,
dann können wir ihnen zur Hand gehen und vermeiden,
unsere Energie in unnützen Klagen zu verschwenden."
Papst Franziskus

MARTIN LUTHER

1483–1546

Für großes Aufsehen sorgt in der Kirche des 15. und 16. Jahrhunderts der so genannte Ablasshandel: Um Geld für den Neubau des Petersdoms zu sammeln, sendet der Papst unzählige Gesandte aus. Diese verkünden die Lehre, dass mit der Beichte zwar die Sünden vergeben werden können, aber die Strafen für die begangenen Sünden nur durch den Kauf von Ablassbriefen auszulöschen seien. Die Empörung ist groß. Der Augustinermönch Martin Luther veröffentlicht 1517 die „Wittenberger Thesen", in denen er sich gegen den Ablasshandel ausspricht und auch andere Probleme der Kirche hervorhebt. Nun folgt eine lange Zeit der Auseinandersetzung mit den Oberen der Kirche, die Luther vorladen, ihm den Bann androhen und ihn schließlich aus der Kirche ausschließen. Martin Luther aber, und mit ihm zahlreiche andere Menschen, setzen sich ganz für ihre Überzeugung ein. Schon bald geht es nicht mehr in erster Linie um den Ablasshandel, sondern um Kernfragen des Glaubens wie Sakramente und Heiligenverehrung, Papsttum und andere Ämter. Luther verfasst große, leidenschaftliche Schriften, in denen er seine neue Lehre verbreitet. Das ganze Reich und bald auch die angrenzenden Länder sind in Aufruhr, die Reformation nimmt ihren Gang.

Gott ist,
woran einer sein Herz hängt.
Martin Luther

AUS TIEFER NOT SCHREI ICH ZU DIR,
HERR GOTT, ERHÖR MEIN RUFEN;
DEIN GNÄDIG OHR NEIG HER ZU MIR
UND MEINER BITT ES ÖFFNE.

MARTIN LUTHER

Der Augustinermönch und Priester Martin Luther beschäftigt sich intensiv mit der Bibel, liest alle Texte in den Originalsprachen Hebräisch und Griechisch und wird Professor an der Wittenberger Universität. Durch sein Studium der Bibel kommt er zu neuen Sichtweisen und Überzeugungen.

Mit 95 Thesen zur Reform der Kirche – die er nach einer Legende mit kräftigen Hammerschlägen an die Tür der Schlosskirche zu Wittenberg nagelt – wendet er sich an seine Vorgesetzten. Er wird aus der Kirche ausgeschlossen, später für vogelfrei erklärt. Sein Kurfürst will ihn schützen und lässt ihn auf die Wartburg entführen. Hier übersetzt Luther das Neue Testament aus dem Griechischen in die deutsche Alltagssprache; einige Jahre später erscheint dann die Gesamtausgabe der Bibel in deutscher Sprache. Die Bibel wird so zu einem Buch für das ganze Volk. Die Reformation hat immer mehr Zulauf. Weil die Bibel das Evangelium, d. h. die Frohe Botschaft ist, nennen sich die Anhänger evangelische Christen.

IGNATIUS VON LOYOLA

1491–1556

Die Zeit nach der Reformation ist für die Kirche in allen ihren nun vorhandenen Ausprägungen und Strömungen keine einfache Zeit. Denn es gilt, die eigene Form zu finden bzw. wiederzufinden und dem Glauben im Leben ein Gesicht zu geben. Die Protestanten haben mit inneren Auseinandersetzungen über ihre Lehre zu kämpfen. Es bilden sich verschiedene Strömungen: Lutheraner, Calvinisten und Zwinglianer. In der katholischen Kirche spricht man von katholischer Erneuerung und meint die Zeit, in der die katholischen Gläubigen nach den Wirren der vergangenen Jahre zur neuen Form und Blüte ihres Glaubenlebens kommen. Ein sichtbarer Ausdruck dieser Erneuerung ist der Kunststil des Barock, in dem bald viele Kirchen gebaut werden: Er drückt Lebensfreude und Sehnsucht zugleich aus und zeigt in seiner Fülle von Farben und Formen die Fülle des neu erwachenden Glaubens der Menschen. Besonders die Kirchen des neu gegründeten Jesuitenordens werden im Stil des Barock erbaut.

Bewahre dir in allen Dingen
die Freiheit des Geistes
und sieh zu, wohin er dich führt.
Ignatius von Loyola

HERR, ICH BRAUCHE DICH JEDEN TAG ...
MEINE OHREN SIND TAUB, ICH KANN DEINE STIMME NICHT VERNEHMEN. MEINE AUGEN SIND TRÜB, ICH KANN DEINE ZEICHEN NICHT SEHEN. DU ALLEIN KANNST MEIN OHR SCHÄRFEN UND MEINEN BLICK KLÄREN, MEIN HERZ REINIGEN UND ERNEUERN.

IGNATIUS VON LOYOLA

Die Lieblingsbeschäftigungen des spanischen Offiziers Ignatius von Loyola sind Kämpfen, das Glücksspiel und Frauen. Dann wird er in einem Krieg schwer verwundet und vertreibt sich die Zeit mit dem Lesen einer Sammlung von Heiligengeschichten und einer Erzählung vom Leiden Jesu. Er spürt dabei eine innere Ruhe und Zufriedenheit, die er als Geschenk Gottes an ihn deutet, und will von da an für Gott leben. Er lernt gemeinsam mit Schulkindern Latein und entwickelt Übungen, mit denen der Einzelne sein Leben überdenken und neu auf Gott ausrichten kann. Er nennt diese Übungen Exerzitien (lat. üben). Ignatius beginnt mit vielfältigen Studien: Philosophie, Latein, Grammatik, Literatur und Theologie. Er findet sechs Freunde, die wie er leben wollen. In Venedig werden sie zu Priestern geweiht und geben ihrer Gruppe den Namen „Gesellschaft Jesu". Wir kennen die Mitglieder dieses Ordens unter dem Namen „Jesuiten".

TERESA VON AVILA

1515–1582

Die Kirchengeschichte ist geprägt vom Streben der Menschen nach der Wahrheit, von der Gottsuche und der Sehnsucht, in immer größerer Nähe zu Gott zu leben. Aus allen Jahrhunderten gibt es Berichte und Schriften von Menschen, die auf ihrer Gottsuche besondere Erfahrungen gemacht haben, die Gottes Nähe in besonderer Weise erlebt haben. Man nennt sie Mystiker. Anders als die großen Theologen gilt ihr Bemühen nicht dem Versuch, das Wesen Gottes mit dem Verstand zu begreifen und sich dafür möglichst viel Wissen der Theologie anzueignen. Nein, sie werden vielmehr ganz still vor Gott, öffnen ihm ihr Herz und ihre Seele und glauben, Gott allein werde zu ihnen kommen und ihr von allem Unwichtigen befreites Herz mit seiner Liebe erfüllen. Sie erfahren Gott ganz intensiv, etwa in einer Verklärung oder einem Moment unmittelbarer Nähe. Sicherlich ist eine solche Erfahrung nur sehr wenigen Menschen gegeben. Aber von ihnen können wir bis heute sehr viel lernen. Ihre Gedanken, ihre Gebete und ihre Meditationen sind eine Hilfe für die ganz persönliche Suche nach Gott.

Gott und ich – wir zusammen sind immer eine Mehrheit.
Teresa von Avila

**NICHTS SOLL DICH ÄNGSTIGEN,
NICHTS DICH ERSCHRECKEN. ALLES GEHT VORÜBER. GOTT ALLEIN BLEIBT DERSELBE.
ALLES ERREICHT DER GEDULDIGE,
UND WER GOTT HAT, DER HAT ALLES.
GOTT ALLEIN GENÜGT.**

TERESA VON AVILA

Teresa von Avila ist eine der bedeutendsten Frauen der Epoche. Sie wird als „Kirchenlehrerin" der katholischen Kirche verehrt. Als Zwanzigjährige tritt sie 1535 in den Orden der Karmelitinnen ein, findet aber zwanzig Jahre lang dort weder Erfüllung noch Zufriedenheit. Erst dann erwacht die einst brennende Liebe zu Gott und der Kirche wieder. Sie wird zur Reformerin ihres eigenen Ordens, gründet viele neue Klöster und reist dafür häufig und unter großen Mühen umher. Sie wird auch zu einer der größten Mystikerinnen, schreibt im Auftrag ihrer Oberen und Beichtväter ihre Gedanken und Erlebnisse auf und schafft damit Werke, die sogar in die Weltliteratur eingehen. Sie stirbt 1582 und wird keine 40 Jahre später heiliggesprochen. In Spanien wird sie als Nationalheilige verehrt.

FRIEDRICH SPEE VON LANGENFELD

1591–1635

Die erste öffentliche Hinrichtung von Menschen, die von der Kirche als Ketzer verurteilt worden sind, findet im Jahr 1010 statt. Der letzte offizielle Inquisitionsprozess wird auf das Jahr 1834 datiert.
Inquisition bedeutet Untersuchung und meint die Untersuchung durch das päpstliche Gericht: Die Kirche untersucht Fälle von Irrlehre und Vergehen gegen die Kirche, um die Einheit zu bewahren. Durch die Einrichtung des päpstlichen Gerichts soll die Lynchjustiz abgeschafft werden, also die Tatsache, dass Menschen ohne Anklage, Prozess und Verteidigungsmöglichkeit solche hinrichten, die sie selbst für schuldig halten. Allerdings wird die Inquisition missbraucht. Die weltliche Macht übernimmt immer mehr die Ausführung der Strafen und macht so die Inquisition zu einem staatsrechtlichen Instrument. Große Inquisitionswellen überrollen weite Teile Europas, in denen nicht nur Einzelne, sondern ganze Menschengruppen verfolgt werden. Bis heute aufsehenerregend sind die Hexenprozesse, in denen Frauen, denen magische Kräfte, Wahrsagerei oder der Pakt mit dem Teufel vorgeworfen werden, auf dem Scheiterhaufen verbrannt werden.

O Gott, wie wollte ich so gern helfen, wenn ich könnte.
Friedrich Spee von Langenfeld

PERSÖNLICH KANN ICH UNTER EID BEZEUGEN, DASS ICH JEDENFALLS BIS JETZT NOCH KEINE VERURTEILTE HEXE ZUM SCHEITERHAUFEN GELEITET HABE, VON DER ICH ... AUS ÜBERZEUGUNG HÄTTE SAGEN KÖNNEN, SIE SEI WIRKLICH SCHULDIG GEWESEN.

FRIEDRICH SPEE VON LANGENFELD

Der Jesuit Friedrich Spee von Langenfeld erlebt immer wieder den Hexenwahn, der in der Bevölkerung um sich greift: Ein Gerücht kommt auf, eine Frau wird verhaftet, gefoltert, ihr wird der Prozess gemacht. Fast alle diese Frauen werden zum Tod auf dem Scheiterhaufen verurteilt. Friedrich Spee besucht viele solcher Frauen im Gefängnis und begleitet sie auf ihrem letzten Weg. Er ist davon überzeugt, dass alle zu Unrecht Verurteilte sind, und spricht diese Kritik offen aus. Anonym – denn es ist für ihn lebensgefährlich – verfasst er die Schrift „Cautio Criminalis", die sich direkt gegen das Buch „Hexenhammer" richtet, das Anweisungen enthält, wie man Hexen bei Gerichtsverfahren überführen kann. Spee entlarvt den Hexenwahn als Aberglauben, fordert die Abschaffung der Folter, das Recht auf Verteidigung und viele andere Dinge, die für uns heute bei Gerichtsverfahren selbstverständlich sind.

JOHN HENRY NEWMAN

1801–1890

„Aufklärung ist der Ausgang des Menschen aus seiner selbst verschuldeten Unmündigkeit." In diesem Satz drückt sich das ganze Programm dessen aus, was mit dem Philosophen Immanuel Kant und dem Beginn der Aufklärung das Denken und das Leben der Menschen verändern wird. Der Mensch entdeckt die Zwänge, die ihn festhalten. Nicht in erster Linie äußere Zwänge wie Arbeit oder Herkunft, sondern vor allem die inneren Grenzen werden entlarvt und zu sprengen versucht. Mehr und mehr erkennt der Mensch seine Freiheit des Denkens und Handelns. Mehr und mehr wandelt sich dadurch auch sein Bild von Gott. Denn dieser Gott kann dann keiner sein, der das Menschenleben vorherbestimmt und den Menschen wie eine Marionette führt, sondern muss mit der Freiheit des Menschen zusammen zu denken sein.
Solche Fragen, sind sie einmal aufgekommen, drängen auf Antworten und bewegen von nun an die Theologen und Philosophen.

Gottes Hand ist über den Seinen.
Er führt sie einen Weg voran,
den sie nicht kennen.
John Henry Newman

ICH BIN BERUFEN, ETWAS ZU TUN ODER ZU SEIN, WOFÜR KEIN ANDERER BERUFEN IST. ICH HABE EINEN PLATZ IN GOTTES PLAN, AUF GOTTES ERDE, DEN KEIN ANDERER HAT. OB ICH REICH ODER ARM BIN, VERACHTET ODER GEEHRT BEI DEN MENSCHEN, GOTT KENNT MICH UND RUFT MICH BEI MEINEM NAMEN.

JOHN HENRY NEWMAN

John Henry Newman wird 1801 in London geboren. Er gehört der anglikanischen Kirche an. Schon als Jugendlicher macht er in schwerer Krankheit die Erfahrung, dass sein Leben allein dann sinnvoll ist, wenn er es ganz Gott widmet. Durch Predigten und zahlreiche Schriften erlangt er eine wichtige Stellung in der anglikanischen Kirche. 1845 tritt er nach langer und reiflicher Überlegung in die katholische Kirche ein und wird dort bald Priester. Viele seiner Freunde können diesen Schritt zunächst nicht verstehen, weil Newman zuvor oft gegen die katholische Kirche gewettert hat.
Doch findet er selbst nun seine Erfüllung und innere Ruhe. Als er 1890 stirbt, ist er Kardinal. Sein Leben ist geprägt von einer tiefen und aufrichtigen Suche nach Gott, was seine Schriften und Gebete bis heute widerspiegeln. 2010 wird John Henry Newman von Papst Benedikt XIV seliggesprochen.

WER DEN SOHN HAT, HAT DAS LEBEN; WER DEN SOHN GOTTES NICHT HAT, HAT DAS LEBEN NICHT.

1 Johannes 5,12

Entscheidungen

stehen ständig an.
Was mache ich heute?
Wen treffe ich? Wen nicht?
Was kaufe ich? Was besser nicht?
Wie verbringe ich meine Zeit?
Was ist mir wichtig in meinem Leben?
Welchen Beruf wähle ich?

Manche Entscheidungen scheinen mir klein, manche groß und wichtig.

Das Wichtige in jeder Entscheidung: Ich kann sie mit Gott treffen oder ohne.

Sie kann mich zu innerem Frieden und zur inneren Freiheit führen – oder auch nicht.

„Auch du musst dein Leben im Ganzen als eine Sendung begreifen. Versuche dies, indem du Gott im Gebet zuhörst und die Zeichen recht deutest, die er dir gibt. Frage immer den Heiligen Geist, was Jesus von dir in jedem Moment deiner Existenz und bei jeder Entscheidung, die du treffen musst, erwartet, um herauszufinden, welchen Stellenwert es für deine Sendung hat. Und erlaube dem Geist, in dir jenes persönliche Geheimnis zu formen, das Jesus Christus in der Welt von heute widerscheinen lässt.“

Papst Franziskus

WILHELM EMMANUEL VON KETTELER

1811–1877

Das 18. Jahrhundert ist das Jahrhundert der Revolutionen. Die Französische Revolution verändert die politische Landschaft, die Industrielle Revolution führt zu großen Veränderungen des ganzen Lebensstils. Durch die Erfindung der Dampfmaschine und unzählige weitere Erfindungen werden die Arbeitsbedingungen grundlegend verändert: Statt in kleinen Werkstätten arbeitet man nun in großen Fabriken oder Bergwerken. Dazu müssen vor allem die Männer oft ihre Familien verlassen und bis zu 18 Stunden am Tag harte körperliche Arbeit verrichten. Der Lohn ist so gering, dass er kaum zum Unterhalt für eine Familie reichen kann. Werden die Männer krank und arbeitsunfähig, verlieren sie ihren Arbeitsplatz und die ganze Familie versinkt in Armut und Verzweiflung.

Das große Problem der Zeit ist, dass es keine Hilfen, keine Unterstützungen, keine Versicherungen gibt, um dem Leben der Arbeiter und ihrer Familien zumindest einen äußeren Halt zu geben. Katholische und evangelische Christen erkennen diese soziale Frage. Sie machen auf die Nöte und die Ausbeutung der Arbeiter aufmerksam und setzen sich für ihre Belange ein.

Gott hat die Natur erschaffen, um alle Menschen zu ernähren.
Wilhelm Emmanuel von Ketteler

MANCHE ARBEIT DER ÄRMSTEN MENSCHEN HAT DURCH DIE GESINNUNG VOR GOTT EINEN WEIT GRÖßEREN WERT ALS GROßE TATEN ANDERER, DIE IN DER WELTGESCHICHTE HOCHGEPRIESEN WERDEN.

WILHELM EMMANUEL VON KETTELER

Wilhelm Emmanuel von Ketteler arbeitet als Rechtsanwalt im Staatsdienst. Es gibt viel Streit zwischen Staat und Kirche. Ketteler ist der Überzeugung: Der Staat darf die Kirche nicht unterdrücken. Als der Staat den Erzbischof von Köln verhaften lässt, tritt Ketteler aus dem Staatsdienst aus. Er entschließt sich, Priester zu werden, erfährt in der Seelsorge das Elend und die Not der Menschen in den Industriegebieten. Ketteler betont immer wieder: Der Staat ist verpflichtet, die Lebensumstände der Arbeiter zu verbessern. Die Industrie ist notwendig, darf aber nicht den Menschen zerstören. Er lässt sich ins Parlament wählen, um Einfluss nehmen zu können, wird Bischof von Mainz, sorgt hier für neue Schulen und Krankenhäuser. Er trägt zur Ausweitung des „Siedlungswerkes" bei: Hier wird Familien mit Kindern geholfen, preiswerte Grundstücke zu kaufen und Häuser zu bauen. Auch später als Abgeordneter des Reichstages in Berlin bleibt es sein primäres Ziel, den Menschen zu helfen und ihnen Raum zum Leben und zum Glauben zu schaffen.

ADOLPH KOLPING

1813–1865

Als die Probleme der Menschen, die durch die Industrielle Revolution entstanden sind, endlich als himmelschreiendes Elend erkannt werden, gibt es vielfältige Bemühungen, ihre Lage zu verbessern. Die evangelische Kirche errichtet die „Innere Mission", deren Ziel die Linderung der Not und die Besserung der sozialen Zustände ist. Papst Leo XIII. veröffentlicht eine Enzyklika, ein Rundschreiben an die ganze Welt, in der er die Probleme der neuen Lebensbedingungen beim Namen nennt und zur Lösung drängt. Bald werden neue Orden gegründet, die Krankenhäuser aufbauen, um die schwachen, verletzten und kranken Arbeiter zu pflegen. Es entstehen Kinderheime und Obdachlosenunterkünfte, Armenhäuser und Hilfseinrichtungen für Alleinerziehende. Denn die neue Situation zerreißt viele Familien oder stellt sie vor scheinbar unüberwindliche Hindernisse. Neben dem leiblichen Wohl sorgen sich die Christen auch um das seelische. So entstehen Einrichtungen zur Erholung und zur Bildung, Vereine und Gruppen, in denen die Menschen ihren Glauben leben und daraus neue Kraft für ihren Alltag schöpfen können.

Gott gibt Glück, aber der Mensch muss es ergreifen.
Adolph Kolping

ES GIBT EINMAL AUF DER GANZEN WELT KEIN BAND SO STARK ALS DAS BAND DES HERZENS.

ADOLPH KOLPING

Adolph Kolping arbeitet zehn Jahre als Schuhmacher, dann entschließt er sich, Priester zu werden; er wird Kaplan in Wuppertal-Elberfeld. Kolping kennt das Elend der Handwerksgesellen in dieser Zeit der wachsenden Industrialisierung schon aus seinen Wanderjahren als Schustergeselle. In der Nähe der großen Industrie suchen sie eine Verbesserung ihrer Lebensbedingungen, verlassen dafür ihre Heimatorte. Kolping erkennt: Die Gesellen brauchen eine zweite Heimat, um in diesem Umfeld und mit dem geringen Lohn nicht zu verwahrlosen. Er gründet den katholischen Gesellenverein. In allen Städten, in denen in den folgenden Jahren so ein Verein entsteht, gibt es ein Haus, in dem sich die Gesellen und Arbeiter treffen können, wo sie singen, lernen, diskutieren und ihren Glauben leben. Gleichzeitig nutzt Kolping das Medium Zeitung, gründet die Rheinischen Volksblätter, um Katholiken in dieser Zeit zu erreichen. Adolph Kolping wird für sein Engagement vom Papst empfangen und ausgezeichnet. Bei seinem Tod gibt es bereits 420 Gesellenvereine. 1991 wird Adolph Kolping von Papst Johannes Paul II seliggesprochen.

AB 20. JAHRHUNDERT

KIRCHENGESCHICHTE

1875–1943
Bernhard Lichtenberg
1875–1965
Albert Schweitzer
1881–1963
Johannes XXIII.

1891–1942
Edith Stein
1894–1941
Maximilian Kolbe
1906–1945
Dietrich Bonhoeffer

1910–1997
Mutter Teresa
1915–2005
Frère Roger
1917–1980
Oscar Romero
1920–2005
Johannes Paul II.

WELTGESCHICHTE

1914–1918
Erster Weltkrieg
1919
Weimarer
Verfassung

1933
Reichskonkordat
1933
Synode der „Deutschen Christen"
*1936
Franziskus
1939–2016
Rupert Neudeck

1962–1965
Zweites Vatikanisches Konzil
1955
Gründung des Diakonischen Werks
1958
Gründung von Misereor
1961
Gründung von Adveniat

1978
Johannes Paul II. wird Papst

2003
Erster gemeinsamer Kirchentag der evangelischen und katholischen Kirche in Berlin
2005
Benedikt XVI. wird Papst
2013
Franziskus wird Papst

1933
Hitler ergreift die Macht
1939–1945
Zweiter Weltkrieg

1949
Gründung der BRD und der DDR

1989
Wieder-vereinigung Deutschlands

11. September 2001
Terroranschlag auf das World Trade Center in New York

MAXIMILIAN KOLBE

1894–1941

Als Adolf Hitler 1933 die Macht ergreift, kann er sich der Zustimmung und Unterstützung sehr großer Teile der Bevölkerung sicher sein. Hitler verspricht den Arbeitslosen Arbeit, den Einsamen Gemeinschaftserlebnisse, der unsicheren Gesellschaft Kraft und Stärke. Er nutzt die Begeisterungsfähigkeit der Massen für sich. Von Anfang an stehen seine Ziele fest. Schon in den 1920er-Jahren hat er sie in seinem Buch „Mein Kampf" niedergeschrieben: Alle Menschen, die seinem Idealbild des kräftigen, hoch gewachsenen Deutschen, des „Ariers", nicht entsprechen, sollen vernichtet und so ein „nordisch-germanischer Rassentyp" gezüchtet werden. Die großen Religionen, vor allem und zuerst das Judentum, aber auch das Christentum, gilt es auszurotten, um ein heidnisch-germanisches Großreich zu errichten, das sich alle anderen Völker unterwerfen soll.

Allein um Politik geht es Hitler aber sicher nie, sondern um die Ausbreitung einer neuen Weltanschauung. Er missbraucht dabei die Sehnsüchte der Menschen nach einer besseren Welt. Dass genau das Gegenteil eintritt, begreifen die meisten Menschen erst viel später.

Diese Tat war ein Protest gegen Verachtung und Unterdrückung des Menschen.

Mitgefangener im KZ Auschwitz

GEIST DES SCHÖPFERS, SCHAFF MICH NEU!
GEIST DES GLAUBENS, MACH MICH TREU!
GEIST DER LIEB, VERWANDLE MICH!
GEIST DER WAHRHEIT, ZEIGE DICH!
GEIST DER STÄRKE, GIB MIR KRAFT!
GEIST DES LICHTS, ERHELL DIE NACHT!
GEIST DES LEBENS, DER ERHÄLT!
GEIST DES FRIEDENS, ERNEU' DIE WELT!

ÜBERLIEFERT

Der Franziskaner Maximilian Kolbe studiert in Rom Philosophie und Theologie, wird Priester, Lehrer und Herausgeber christlicher Zeitungen. Nach langer Krankheit gründet er in der Nähe von Warschau eine Klosterstadt, die er als Vorsteher leitet – unterbrochen von sechs Jahren als Missionar in Japan. Nach der Besetzung Polens durch deutsche Truppen wird Kolbe mit einigen Brüdern verhaftet und nach Auschwitz deportiert. Im Konzentrationslager gelingt es einem Gefangenen zu fliehen.

Der Lagerleiter bestimmt zehn Gefangene, die dafür sterben müssen. Maximilian Kolbe ist nicht darunter.

Er meldet sich jedoch freiwillig, um für einen Familienvater im Hungerbunker zu sterben. Die Bewacher hören Lieder und Gebete aus dem Bunker. Als alle anderen Gefangenen tot sind, stirbt Maximilian Kolbe durch eine Giftspritze. Bei seiner Heiligsprechung 1982 ist der von ihm gerettete Mann auf dem Petersplatz in Rom dabei.

EDITH STEIN

1891–1942

Auch die Kirchen tun sich zu Beginn schwer, Hitlers wahre Gesinnung zu erkennen. Denn zunächst vertritt er ihnen gegenüber eine Politik, die sie nur unterstützen können. Er verkündet 1933, seine Regierung habe das Ziel, die Einheit des Volkes wiederherzustellen und deshalb das Christentum als Fundament von Moral und Familie zu stärken und zu schützen. Im Juli 1933 schließt Hitler mit der katholischen Kirche das Reichskonkordat, einen Vertrag, der der Kirche freies Handeln in Deutschland sichern soll. Doch dieser Schritt geschieht allein aus taktischen Gründen. Hitlers Ziel ist, die Katholiken zunächst ruhig und gefügig zu stimmen, um ihre spätere Vernichtung zu erleichtern.
In der evangelischen Kirche fördern die Nationalsozialisten die Bewegung der „Deutschen Christen". Sie erfasst vor allem die evangelische Pfarrerschaft und viele Universitätstheologen. Denn auch sie erkennen Hitlers Motive zunächst nicht und unterstützen sogar sein Führerprinzip. 1933 wählen sie auf einer „Reichssynode" einen Pfarrer zum „Reichsbischof". Dieser Mann ist ein enger Vertrauter Hitlers.

Du sollst sein wie ein Fenster, durch das Gottes Liebe in die Welt hineinleuchten will.
Edith Stein

ES HAT MIR IMMER SEHR FERN GELEGEN ZU DENKEN, DASS GOTTES BARMHERZIGKEIT SICH AN DIE GRENZEN DER KIRCHE BINDE. GOTT IST DIE WAHRHEIT. WER DIE WAHRHEIT SUCHT, DER SUCHT GOTT, OB ES IHM KLAR IST ODER NICHT.

EDITH STEIN

Edith Stein wird 1891 in Breslau geboren. Wie ihre Eltern ist sie Jüdin, wendet sich aber mit 15 Jahren ganz vom Glauben ab. Sie studiert Literatur, Psychologie und vor allem Philosophie, arbeitet als wissenschaftliche Assistentin und als Lehrerin. Nach langer innerer Suche nach der Wahrheit kommt sie schließlich zum katholischen Glauben. 1922 lässt sie sich taufen. 1933 wird sie Ordensschwester im Karmelitinnenkloster in Köln und nimmt den Namen Teresia Benedicta a Cruce an. Als zum christlichen Glauben konvertierte Jüdin wird sie von den Nationalsozialisten verfolgt und 1942 im Konzentrationslager Auschwitz-Birkenau ermordet. Der Glaube allein gibt ihr die Kraft, selbst auf dem Weg ins Konzentrationslager nicht zu verzweifeln. 1998 spricht Papst Johannes Paul II. sie heilig.

DIETRICH BONHOEFFER

1906–1945

Die Grausamkeiten des Nationalsozialismus, die Menschenverachtung und der todbringende Herrscherwille breiten sich in unglaublicher Geschwindigkeit aus. Das gesellschaftliche Leben wird in eine neue Form gebracht, um die Menschen aller Schichten und Altersstufen an Hitlers System zu binden. Jungen und Mädchen müssen erst dem Deutschen Jungvolk, dann der Hitlerjugend angehören, in der sie körperlich trainiert und geistig in seiner Ideologie erzogen werden. Alle anderen, auch die kirchlichen Jugendorganisationen, werden aufgelöst. Wer sich über den Führer auch nur kritisch äußert, wird verfolgt, verhaftet und meistens ermordet. Adolf Hitler bereitet „sein" Volk für den Kampf vor, sich die Welt zu unterwerfen. Als die deutschen Truppen 1939 in Polen einmarschieren, ist dies der Beginn des Zweiten Weltkriegs. Menschen, die seiner Vorstellung vom idealen „Arier" nicht entsprechen, werden in Konzentrationslager abtransportiert und auf unvorstellbare Weise ausgebeutet, dann ermordet. Millionen von Juden, Behinderten, Kranken und Schwachen und andere Minderheiten verlieren ihr Leben. Ausgeklügelte und über das ganze Land verteilte „Sicherheitssysteme" wachen darüber, dass „Staatsfeinde" nicht unentdeckt bleiben.

Alle Umkehr und Erneuerung muss bei mir selbst anfangen.
Dietrich Bonhoeffer

VON GUTEN MÄCHTEN WUNDERBAR GEBORGEN, ERWARTEN WIR GETROST, WAS KOMMEN MAG. GOTT IST MIT UNS AM ABEND UND AM MORGEN UND GANZ GEWISS AN JEDEM NEUEN TAG.

DIETRICH BONHOEFFER

Dietrich Bonhoeffer ist evangelischer Christ, Theologe und Gemeindepfarrer. Er setzt sich intensiv mit Adolf Hitler und dem Nationalsozialismus auseinander und schließt sich der „Bekennenden Kirche" an, einem Zusammenschluss von evangelischen Pfarrern und Gemeinden, die sich öffentlich gegen den Nationalsozialismus stellen. Bonhoeffer kämpft aktiv gegen Hitler. Seine Aufgabe ist es, die Menschen im Ausland davon zu überzeugen, dass es in Deutschland Widerstand gegen Hitler gibt. Er knüpft Kontakte in England, den USA und Frankreich. Ziel ist der Sturz Hitlers und der Aufbau einer neuen Regierung. Als ein Attentat auf Hitler scheitert, wird Bonhoeffer verhaftet und inhaftiert. Erst nach einem weiteren gescheiterten Attentat kann ihm die Beteiligung am ersten Anschlag nachgewiesen werden. Adolf Hitler gibt persönlich den Befehl zur Ermordung Bonhoeffers im Konzentrationslager Flossenbürg.

UND DER FRIEDE GOTTES,
DER ALLES VERSTEHEN ÜBERSTEIGT,
WIRD EURE HERZEN UND EURE GEDANKEN
IN CHRISTUS JESUS BEWAHREN.

Philipper 4,7

Frieden –

äußerlich und innerlich.
Das eine ist nicht einfacher als das andere.
Wer inneren Frieden gefunden hat, wer zufrieden ist mit sich, dem gelingt es auch eher, um sich herum Frieden zu stiften.

Und wer im Frieden mit den anderen ist, der kommt auch einfacher zu sich selbst.
Jesus fordert uns heraus zu beidem:

Bringt den Frieden in die Häuser und zu den Menschen!

Und sucht den wahren Frieden, den nur Gott euch geben kann!

„Deine Identifikation
mit Christus und seinen Wünschen
impliziert das Bemühen, mit ihm das Reich der Liebe,
der Gerechtigkeit und des Friedens
für alle zu erreichten."
Papst Franziskus

BERNHARD LICHTENBERG

1875–1943

Trotz blinder Gefolgsbereitschaft der Massen gibt es Einzelne, die die aufziehende Gefahr mit wachem Auge klar erkennen: Sie erheben mutig immer wieder ihre Stimme, um die Menschen zu warnen und zu mahnen.

Widerstand gegen das Regime leisten neben einzelnen Christen auch Gruppen. In der evangelischen Kirche bildet sich die „Bekennende Kirche", die sich schon früh von den „Deutschen Christen" distanziert. Unter den katholischen Bischöfen ist vor allem Clemens August Kardinal von Galen zu nennen, der als Bischof von Münster in mutigen Predigten zum Widerstand und zum Festhalten am christlichen Glauben aufruft. Seine Predigten verbreiten sich schnell – als Flugblätter werden sie etwa von der „Weißen Rose" verteilt. Das ist eine Gruppe von evangelischen und katholischen Studenten um die Geschwister Hans und Sophie Scholl aus München. Sie bezahlen ihren Widerstand mit dem Leben.

Ich will weiterleben,
denn ich lebe gern.
Dieses verfluchte Leben
ist doch schön ...
Bernhard Lichtenberg

WER SEIN LEBEN IN GOTTES HAND GIBT, KANN SICHER SEIN, DASS ER GANZ ER SELBST WIRD.

BERNHARD LICHTENBERG

Bernhard Lichtenberg ist neben seiner Tätigkeit als Pfarrer in Berlin-Charlottenburg Mitglied der Partei „Zentrum", die von Katholiken gegründet wurde und deren Interessen vertritt. Er hat einen Sitz im Rat der Stadt, in dem auch die Nationalsozialisten vertreten sind. Lichtenberg macht die menschenverachtenden Botschaften und Taten der Nationalsozialisten öffentlich, protestiert gegen die Ermordung von behinderten Menschen, Gewerkschaftlern, Mitgliedern des Reichstages und Kommunisten. Er spricht vom Leid, das der jüdischen Bevölkerung zugefügt wird, von der Vernichtung ihres Lebens in den Konzentrationslagern. Die Nationalsozialisten beobachten Lichtenberg genau. Mehrfach wird er von der Geheimen Staatspolizei vorgeladen, seine Wohnung durchsucht. Drei Jahre lang betet er täglich und öffentlich für die verfolgten Juden. 1941 wird er angezeigt, verhaftet und inhaftiert. Nach Ende seiner Haftzeit soll er ins Konzentrationslager Dachau verlegt werden und stirbt in Hof an der Saale an den Folgen seiner Haft. 1996 wird Bernhard Lichtenberg von Papst Johannes Paul II seliggesprochen.

JOHANNES XXIII.

1881–1963

Nach dem Ende des Zweiten Weltkriegs liegt die Welt in Trümmern. Die Menschen in dieser schwierigen Zeit und nach diesen traumatischen Erlebnissen wieder aufzubauen, ihnen Boden unter den Füßen zu geben, das ist auch die Aufgabe der Kirchen. Und in der Tat: Viele Menschen finden Halt im Glauben und in der Zugehörigkeit zu einer Glaubensgemeinschaft. In neuen Strömungen und Bewegungen wird dieser Aufbruch deutlich: Bemühungen um die Ökumene, um die Annäherung und Einheit der Kirchen, werden mit Eifer vorangetrieben. Neue Formen in den Gemeinden, im Gottesdienst, im Umgang mit der Heiligen Schrift werden ausprobiert.

1948 wird die Evangelische Kirche Deutschlands (EKD) gegründet als oberster Dachverband der deutschen evangelischen Kirche. Als dann im Jahr 1958 Johannes XXIII. zum Papst gewählt wird, weht auch in Rom ein neuer, frischer Wind. Der Papst sieht die Notwendigkeit, dass die Kirche die Zeichen der Zeit erkennt und sich auf die veränderte Lebenssituation der Menschen einstellt. Auf dem Zweiten Vatikanischen Konzil, zu dem er 1962 über 2000 bedeutende Persönlichkeiten der katholischen Kirche einlädt, soll die Kirche ihre Form und ihre Stellung in der Welt grundlegend überdenken.

Immer beschäftigt sein
und nicht unter
der Eile leiden,
das ist ein Stück
Himmel auf Erden.
Johannes XXIII.

NUR FÜR HEUTE WERDE ICH NICHT DANACH STREBEN, DIE ANDEREN ZU KRITISIEREN ODER ZU VERBESSERN – NUR MICH SELBST. NUR FÜR HEUTE WERDE ICH GLAUBEN – SELBST WENN DIE UMSTÄNDE DAS GEGENTEIL ZEIGEN SOLLTEN –, DASS GOTT FÜR MICH DA IST, ALS GÄBE ES SONST NIEMANDEN AUF DER WELT.

JOHANNES XXIII.

„Ich bin es, Giuseppe, euer Bruder!", ruft Johannes XXIII. den Menschen auf dem Petersplatz nach seiner Wahl zum Papst zu. – Angelo Giuseppe Roncalli ist sein Leben lang ganz nah bei den Menschen. Als Sekretär des Bischofs von Bergamo und später als Bischof für die Türkei und Griechenland sucht er nach Möglichkeiten, das Verhältnis von Staat und Kirche zu verbessern. Im Zweiten Weltkrieg ist er betroffen von der Not der Juden und hilft: Er schafft für 24000 Juden die Möglichkeit, nach Israel oder Amerika auszureisen. Auch als Papst steht er mitten im Leben: Auf dem Zweiten Vatikanischen Konzil überdenkt er mit allen katholischen Bischöfen und orthodoxen und evangelischen Christen viele jahrhundertealte Auffassungen und Traditionen. Noch kurz vor seinem Tod setzt er sich in seinem Lehrschreiben „Pacem in terris" für die Gleichheit aller Menschen ein. Er verurteilt Rassendiskriminierung und den modernen Kolonialismus, fordert die Einstellung der Atombombenversuche und den sofortigen Beginn der Abrüstung. 2014 wird er zusammen mit Johannes Paul II. heiliggesprochen.

ALBERT SCHWEITZER

1875–1965

Geprägt durch die Erfahrungen des Krieges und die Not der Menschen und die Grausamkeiten der vergangenen Zeit noch vor Augen, erkennen die Kirchen immer mehr ihre Verantwortung für die Welt. Von der Urkirche an sehen die Christen ihre Aufgaben ja nie allein in Gebet und Gottesdienst, sondern immer auch im Dienst am Menschen: in der Sorge für die Schwachen, in der Hilfe für Bedrängte, im Trost für Leidende, in der Pflege der Kranken. Aus diesem Grund sind schon in der Zeit der Industriellen Revolution zahlreiche neue Einrichtungen entstanden. Nun, nach dem Zweiten Weltkrieg, wachsen neue Strukturen und Organisationen. In der evangelischen Kirche entsteht 1955 das Diakonische Werk; 1958 und 1961 werden Misereor und Adveniat als bischöfliche Hilfswerke der katholischen Kirche ins Leben gerufen. Zahllose Christen engagieren sich innerhalb und außerhalb dieser Organisationen für die Verbesserung der Lebensbedingungen. Dabei geht der Blick sowohl auf die Menschen vor Ort als auch auf die Hilfsbedürftigen in allen Ländern der Erde, vor allem in den Ländern der so genannten Dritten Welt.

Das Glück kann man nur multiplizieren, indem man es teilt.
Albert Schweitzer

VIEL KÄLTE IST UNTER DEN MENSCHEN, WEIL WIR NICHT WAGEN, UNS SO HERZLICH ZU GEBEN, WIE WIR SIND.

ALBERT SCHWEITZER

Der leidenschaftliche Orgelspieler Albert Schweitzer ist Soldat in der deutschen Armee und beginnt danach ein Studium der Theologie und Philosophie. Er wird Pfarrer in Straßburg und erhält eine Professur an der Universität. Mit 30 Jahren erklärt er allen Verwandten und Bekannten, dass er Arzt in Afrika werden möchte, und beginnt neben seinen Forschungen mit dem Medizinstudium. 1913 gründet er im heutigen Gabun, in der Nähe von Lambarene, ein Urwald-Hospital. Er finanziert den Aufbau des Krankenhauses und einer Leprastation aus eigenen Mitteln und aus dem Erlös seiner Bücher, Vorträge und Orgelkonzerte. 1914 muss er das Land verlassen: Ein Deutscher darf im damals französischen Gabun während des Ersten Weltkrieges nicht leben. Zehn Jahre später kehrt er zurück und lebt – nur unterbrochen durch viele Reisen – bis zu seinem Tod in Lambarene. Albert Schweitzer nimmt öffentlich Stellung: Er verurteilt den Krieg, sieht die große Gefahr, die von der Atombombe ausgeht. Für seine Arbeit in Afrika erhält er den Friedensnobelpreis.

OSCAR ROMERO

1917–1980

In den Ländern Mittel- und Südamerikas ist die Lage der Menschen äußerst bedrückend. Zwar engagieren sich die Kirchen, um die Not der Menschen zu lindern, aber das politische System bewirkt weiterhin große Ungerechtigkeit und Ausbeutung. In den meisten Ländern gibt es wenige Reiche, denen die Ländereien gehören. Die vielen Armen werden ausgebeutet, ihnen fehlt es an Geld, an Wohnungen, an Bildung und vor allem an Perspektiven für die Zukunft.
In diesen Ländern erwachen die Gedanken der Befreiungstheologie. Viele Christen, auch lateinamerikanische Bischöfe, beziehen die Botschaft Jesu auf ihre konkrete Situation. Wenn Jesus die Freiheit des Menschen und die Gleichheit aller vor Gott betont, wenn er jene selig preist, die Frieden stiften und Gerechtigkeit und die sich den Benachteiligten zuwenden, dann gilt es, dieses vor Ort umzusetzen. Der Glaube muss sich in Taten zeigen. Das Festhalten am Evangelium darf keine leere Worthülse sein, sondern muss das Leben der Menschen verändern. Unzählige kämpfen – friedlich und ohne Gewalt anzuwenden – für die Rechte und um die Befreiung der Unterdrückten.

Mich könnt ihr töten,
aber nicht die Stimme
der Gerechtigkeit.
Oscar Romero

ES GIBT VIELE MENSCHEN UND CHRISTEN IN EL SALVADOR, DIE BEREIT SIND, IHR LEBEN ZU GEBEN, DAMIT DIE ARMEN LEBEN HABEN. DARIN FOLGEN SIE CHRISTUS UND MACHEN IHREN GLAUBEN AN IHN SICHTBAR.

OSCAR ROMERO

In El Salvador stehen Militär und Sicherheitskräfte im Dienst weniger reicher Familien, mehr als zwei Drittel der Menschen leben in einem unglaublichen Elend. Oscar Romero – Priester, Gemeindepfarrer, später Weihbischof und Bischof – schweigt. Viele glauben, dass er das bestehende System unterstützt. Er wird Erzbischof von San Salvador und zwei Ereignisse rütteln ihn wach: der grausame Tod vieler Demonstranten auf dem Platz der Freiheit in San Salvador und der Mord an einem Freund – Priester wie er und seit Jahren Helfer der unterdrückten Kleinbauern. Erzbischof Romero ändert sein Leben: Er sucht die Nähe der Gläubigen, reist durchs Land. Romero spricht in seinen Predigten offen über alles, was im Land geschieht, und verliest die Namen der Menschen, die ermordet wurden. Er hat auch Gegner unter den Bischöfen des Landes. Mehrere Male reist Romero nach Rom, um sich gegen Verleumdungen zu verteidigen. Während eines Gottesdienstes wird der Erzbischof auf Befehl der Sicherheitskräfte des Landes ermordet. 2018 wird Oscar Romero von Papst Franziskus heiliggesprochen.

MUTTER TERESA

1910–1997

Seit 1901 werden in jedem Jahr Preise an Persönlichkeiten verliehen, die sich um die Menschheit verdient gemacht haben. Diese Preise gehen auf den Stifter Alfred Nobel zurück und heißen deshalb Nobelpreise. Neben den Preisen für Chemie und Physik, Medizin, Wirtschaftswissenschaften und Literatur gibt es den Nobelpreis für die Erhaltung des Friedens.
Aus vielen Ländern kommen die Menschen, die diesen Preis erhalten haben. Auf unterschiedlichste Art und Weise haben sie sich für den Frieden eingesetzt: Politiker sind darunter und Freiheitskämpfer, Organisationen wie amnesty international oder das Kinderhilfswerk UNICEF.
Im Jahr 1979 bekommt eine Frau den Friedensnobelpreis, die ihn annimmt im Namen aller, um die sich niemand kümmert: Mutter Teresa. Sie ist ein leuchtendes Beispiel dafür, wie viel Gutes ein einziger Mensch vollbringen kann und wie viel Kraft ein einziger Mensch hat, wenn er nur auf die Hilfe Gottes vertraut.

Gott ist der Freund der Stille.
Mutter Teresa

WIR SIND UNS BEWUSST, DASS DAS, WAS WIR TUN, NUR EIN TROPFEN IM OZEAN IST. ABER GÄBE ES DIESEN TROPFEN NICHT, WÜRDE ER IM OZEAN FEHLEN.

MUTTER TERESA

Agnes Gonxha Bojaxhiu möchte schon als Kind in Indien leben und den Armen helfen. Sie tritt in einen Orden irischer Schwestern ein, weil dieser eine Mission in Kalcutta hat, nimmt den Namen Teresa an und arbeitet als Lehrerin an der ordenseigenen Schule. Sie erkrankt an Tuberkulose, wird zur Erholung nach Darjeeling geschickt. Später erklärt sie, dass sie auf der Zugfahrt ihre Berufung erfährt: Sie wird alles aufgeben und Jesus in die Slums nachfolgen, um dort den Ärmsten der Armen zu helfen. Sie gründet den Orden „Missionare der Nächstenliebe". Ihr Ordensgewand ist der Sari der Inderinnen. Er ist aus einfachstem Stoff, kostet nicht einmal einen Euro – Zeichen der Solidarität mit den Armen. In den Slums wird sie „Mutter Teresa" genannt.

Sie ist für die Menschen da. Allen, die nicht menschenwürdig leben, möchte sie ein würdiges Sterben ermöglichen. Bei der Gründung des Ordens sind sie zwölf Frauen, heute sind mehr als 4500 Schwestern auf der ganzen Welt für Obdachlose, Aidskranke und Sterbende da. Für ihre Arbeit erhielt Mutter Teresa den Friedensnobelpreis, 2016 wurde sie heiliggesprochen.

FRÈRE ROGER

1915–2005

Die Gläubigen der Kirchen leiden bis heute unter der Aufspaltung in die verschiedenen Konfessionen. Nicht nur Katholiken und Protestanten nennen sich Christen, auch Anglikaner, Adventisten, Baptisten, Methodisten und viele andere. Es gibt Bemühungen, zur Einheit zurückzufinden. Die Ökumene ist damit Weg und Ziel für die Christen.

Die Bemühungen um die Ökumene sind sehr vielfältig: Gemeinden feiern ökumenische Gottesdienste, in denen Christen der verschiedenen Konfessionen gemeinsam beten. Die evangelische und die katholische Kirche in Deutschland veranstalteten 2003 und 2010 die ersten beiden gemeinsamen Kirchentage. Papst Johannes Paul II. und Papst Benedikt XVI. luden schon dreimal zu einem Treffen der Weltreligionen nach Assisi ein. Religionsführer nicht nur der christlichen, sondern aller großen Religionen der Welt beteten gemeinsam um Frieden. In Frankreich gibt es seit über 60 Jahren die Gemeinschaft von Taizé, einem Orden, in dem Männer aus verschiedenen christlichen Konfessionen zusammenleben, um das Evangelium zu verkünden und sich für die Einheit der Christen einzusetzen.

Das Vertrauen gehört zum Schlichtesten, Einfachsten und gleichzeitig Grundlegendsten.
Frère Roger

FINDE DICH NIEMALS AB MIT DEM SKANDAL DER SPALTUNG UNTER DEN CHRISTEN. HABE DIE LEIDENSCHAFT FÜR DIE EINHEIT DES LEIBES CHRISTI.

AUS DER REGEL DER BRÜDER VON TAIZÉ

Frère Roger Schutz begründet als evangelischer Christ eine klösterliche Gemeinschaft, deren Ziel es ist, für Gott und die Versöhnung der Christen untereinander zu leben.
In dem südfranzösischen Ort Taizé lebt und arbeitet von da an eine Gemeinschaft von Brüdern unterschiedlicher christlicher Konfessionen. Das ganze Jahr über kommen viele Jugendliche und Erwachsene, um eine Zeit lang das Leben der Gemeinschaft zu teilen, zu beten, zu singen und darüber nachzudenken, wie jeder Einzelne in christlicher Verbundenheit mit allen Menschen seinen Glauben im Alltag leben kann. Dabei – das betont Frère Roger immer wieder – geht es nicht um unerreichbare Ziele. Er sagt: „Lebe das vom Evangelium, was du verstanden hast, und sei es noch so wenig."
Am 16. August 2005, an dem der Weltjugendtag in Köln beginnt, wird Frère Roger beim Abendgebet in Taizé von einer geistig verwirrten Frau durch Messerstiche tödlich verletzt. Sein Nachfolger als Prior der Gemeinschaft ist Frère Alois, der aus Deutschland stammt.

DU HAST MIR DIE WEGE ZUM LEBEN GEZEIGT. DU WIRST MICH ERFÜLLEN MIT FREUDE.

Apostelgeschichte 2,28

Was für eine Vorstellung:

Erfüllt von Freude durch den Tag gehen, durch das Leben.

Das wäre schön!

**Oft scheint der Tag wenig Freude bereitzuhalten,
eher Mühe, Anstrengung, Langeweile.
Wir suchen die Freude um uns herum, aber wir finden sie nicht.
Die Bibel hat einen deutlichen Hinweis:**

Wahre Freude findest du bei Jesus,

**in der Begegnung mit ihm.
Und diese Freude strahlt in den Alltag, in dein Leben aus.**

„Die Freude des Evangeliums erfüllt das Herz
und das gesamte Leben derer, die Jesus begegnen.
Diejenigen, die sich von ihm retten lassen,
sind befreit von der Sünde, von der Traurigkeit,
von der inneren Leere und von der Vereinsamung.
Mit Jesus Christus kommt immer – und immer wieder –
die Freude."

Papst Franziskus

JOHANNES PAUL II.

1920–2005

Betrachtet man die Länder, die Städte und die Familien heute, muss man feststellen, dass der Glaube immer mehr zu einer Randerscheinung geworden ist. Die meisten Menschen haben den Glauben an Gott aufgegeben oder gar nie kennengelernt. Man meint, allein zurechtzukommen, man glaubt an die Macht des Geldes und an die Machbarkeit: Der Mensch allein will sich zum Herrn über alles erheben.

Es scheinen nicht nur die Menschen aus der Kirche, sondern auch die christlichen Werte aus dem Leben auszuwandern. Die Folgen sind unermesslich und betreffen das Leben jedes einzelnen Menschen. Denn ohne den Glauben, dass der Mensch in seiner Würde und Einzigartigkeit Geschöpf Gottes ist, wird er schnell zum Objekt: Der Staat sieht den Menschen als Bürger, der seine Pflicht zu erfüllen und seine Leistung zu bringen hat. Die Technik kennt immer neue Wege, das Leben des Menschen zu verlängern, zu vereinfachen und mit scheinbarem Luxus zu verschönern. Aber die wahren Sehnsüchte des Menschen werden dadurch nicht gestillt.

Ihr seid die Hoffnung der Kirche und der Welt. Ihr seid meine Hoffnung.
Johannes Paul II. an die Jugend

DIE GEWALT BRINGT UNERBITTLICH NEUE FORMEN DER UNTERDRÜCKUNG UND VERSKLAVUNG HERVOR, DIE NOCH ÄRGER SIND ALS JENE, VON DENEN ZU BEFREIEN SIE VORGIBT.

JOHANNES PAUL II.

Als Karol Józef Wojtyła am 16. Oktober 1978 zum Papst gewählt wird und den Namen Johannes Paul II. annimmt, ist er der erste Papst aus einem slawischen Land und gleichzeitig der erste nicht-italienische Papst seit 1522. Johannes Paul II. sucht den persönlichen Kontakt, die Begegnung mit den Menschen. Viele Reisen führen ihn mehrfach in alle Kontinente: Menschen jeden Alters empfangen ihn begeistert.

Drei Jahre nach Beginn seiner Amtszeit wird er bei einer Audienz auf dem Petersplatz Opfer eines Attentats. Johannes Paul II. überlebt schwer verletzt. Er besucht den Attentäter später im Gefängnis und vergibt ihm. Unter dem Zeichen der Vergebung, Annäherung und gegenseitigen Achtung stehen auch seine Begegnungen mit Vertretern der anderen christlichen Kirchen und nicht-christlichen Religionen. Ganz wichtig ist ihm die Aussöhnung mit dem jüdischen Volk, der Aufbau einer Brücke zu den Muslimen und die Verbindung zur griechisch-orthodoxen Kirche.

Am 2. April 2005 stirbt Johannes Paul II. nach langer, geduldig ertragener Krankheit. Neun Jahre später wird er von Papst Franziskus heiliggesprochen.

RUPERT NEUDECK

1939–2016

Die Menschen stehen heute vor der Herausforderung, mit den Folgen der Globalisierung umzugehen. Sie betrifft alle Bereiche des menschlichen Lebens und prägt Politik, Wirtschaft und Kultur. Weltumspannende Vernetzung und ununterbrochene Erreichbarkeit verändern die Beziehungen. Hand in Hand mit den Errungenschaften gehen dabei Entwicklungen, die Sorgen machen: Die Angriffe auf das World Trade Center haben die Menschen weltweit erschüttert und Angst vor Terror jeder Art gesät. Über den ganzen Erdball ziehen sich Kriege und kriegerische Auseinandersetzungen, die Tausende das Leben kosten. Und auch in den Regionen der Welt, in denen Frieden und Wohlstand herrschen, haben die Menschen das Gefühl der Sicherheit oft verloren: Finanz- und Wirtschaftskrisen schüren Zukunftsängste.
Der Glaube kann den Menschen aber auch in all diesen schwierigen Situationen Orientierung geben. Deshalb ist es eine so wichtige Aufgabe der Kirche und jedes einzelnen Christen, die Botschaft Jesu zum Leuchten zu bringen und die große Kraft von Glaube, Hoffnung und Liebe allen Problemen und Dunkelheiten dieser Welt entgegenzustellen.

Eine bessere Welt ist möglich.
Rupert Neudeck

ICH HABE MIR NACH DEM FURCHTBAREN LOCH UND NAZI-DEBAKEL IN DER DEUTSCHEN GESCHICHTE ZUR LEBENSMAXIME GEMACHT: NIE WIEDER FEIGE SEIN.

RUPERT NEUDECK

Als Mitbegründer der Cap Anamur/Deutsche Notärzte e.V. wurde Rupert Neudeck weit über Deutschland hinaus bekannt. Die Organisation rettet seit dem Ende der 1970er-Jahre Tausende, vor allem vietnamesische, Flüchtlinge, so genannte „boat people". Das Schiff, das die Menschen aufnimmt, die Cap Anamur, gibt der Hilfsorganisation ihren Namen, die fortan und bis heute präsent ist, wo Menschen Hilfe dringend nötig haben. Rupert Neudeck arbeitete nach seinem Studium als Journalist, war aber – ebenso wie seine Frau Christel – rastlos unterwegs, um die Not in der Welt zu lindern. Seit 2003 war er als Gründungsmitglied auch Vorsitzender des Peace-Corps Grünhelme e.V. Als Nicht-Regierungsorganisation engagieren sich hier Christen und Muslime weltweit in Hilfsprojekten, um das Leben in Krisen-, Kriegs- und Katastrophengebieten menschlicher zu gestalten. Rupert Neudeck starb im Mai 2016.

PAPST FRANZISKUS

*1936

Sowohl die kirchliche als auch die politische Welt ist von Krisen geprägt. Kirchlich bringen Skandale um Missbrauch und um Finanzen eine gewaltige Glaubwürdigkeitskrise mit sich. Für viele Menschen wird es schwer, hinter diesen Problemen die Kirche als Verkünderin der frohen Botschaft Jesu zu sehen. Sie finden keinen Zugang zu ihr oder wenden sich enttäuscht ab.
Weltpolitisch ist die Zeit gekennzeichnet von großer Unsicherheit, auch von Ängsten: Kriege verursachen humanitäre Katastrophen und bringen Tausende von Menschen dazu, aus ihrer Heimat zu fliehen. In den reichen Ländern des Westens lösen die flüchtenden Menschen eine große Welle der Hilfsbereitschaft, aber auch Ängste vor Überfremdung und Unsicherheit aus. Etliche Regierende großer Nationen scheinen in diesen Zeiten ihre Macht für das Durchsetzen der eigenen Interessen zu nutzen und das Wohl der Weltgemeinschaft hintenanzustellen. Schon lange schien die weltpolitische Lage nicht mehr so unsicher.

Das ist die christliche Hoffnung:
Die Zukunft liegt in Gottes Hand.
Papst Franziskus

LIEBE JUNGE FREUNDE,
JESUS GIBT UNS DAS LEBEN,
DAS WIRKLICHE LEBEN.
BEI IHM HABEN WIR FREUDE IM HERZEN
UND EIN LÄCHELN AUF DEN LIPPEN.

PAPST FRANZISKUS

Jorge Mario Bergoglio kam 1936 als Sohn italienischer Einwanderer in Buenos Aires in Argentinien zur Welt. Nach einem Chemiestudium entschied er sich, Theologie zu studieren, Priester zu werden und in den Orden der Jesuiten einzutreten. Nach verschiedenen Aufgaben im Orden wurde er 1992 von Papst Johannes Paul II. zum Weihbischof, später zum Erzbischof von Buenos Aires ernannt. Schon in dieser Zeit legte er großen Wert darauf, als Erzbischof den Menschen nahe zu sein: Er lebte statt im bischöflichen Palast in einer einfachen Wohnung und war zuweilen auch in der U-Bahn anzutreffen. Seit seinem Studium ist er davon überzeugt, dass die Kirche an der Seite der Armen und Schwachen in der Gesellschaft stehen muss.

Als Bergoglio 2013 zum Papst gewählt wurde, war zum ersten Mal ein Jesuit Papst, außerdem gab es seit über 1200 Jahren das erste Mal einen Papst, der nicht aus Europa kam. Durch seinen Stil und seine Botschaft, auch durch seine Bestrebungen, die Kirche im Inneren und im Äußeren zu erneuern, genießt er große Wertschätzung.

DU SELBST

Was diesen Seiten noch fehlt: dein Name. Nimmst du die Rolle an? Wie sieht deine persönliche Lebensbeschreibung aus? Wer ist in deiner Familie? Wie ist deine Clique? Wer sind deine Freunde? Denk nach: über dich, deine Familie, deine Clique, deine Freundschaften – über das Umfeld, in dem du lebst. Schreib deine Geschichte!

Dein Lebensmotto

OHNE HUNGER UND DURST
WIRST DU UNTER DEN SATTEN NICHT AUFFALLEN
OHNE HUNGER UND DURST
WIRST DU MIT DIR SELBST ZUFRIEDEN SEIN
OHNE HUNGER UND DURST
WIRST DU DEN HUNGER UND DURST
ANDERER NICHT VERSTEHEN
OHNE HUNGER UND DURST
WIRST DU GOTT NICHT SEHEN
DENN DEN SEHNSÜCHTIGEN UND
SUCHENDEN GIBT ER GNADE

ULRICH SCHAFFER

Ein Bild von dir

Wer bist du?
Was macht dich glücklich?
Wovon träumst du?
Wonach sehnst du dich?
Was sind deine Stärken?
Was sind deine Schwächen?
Steh zu dir!
Wie kannst du dich einbringen mit deinen
Fähigkeiten und Begabungen?

DEINE BEGABUNGEN UND TALENTE

Wo liegen deine Talente?

Was steckt in dir?

Wofür brennst du und wofür
setzt du deine Energie ein?

Du hast Begabungen geschenkt bekommen.

Entdecke sie und bring sie ins Spiel:

Wenn du sie einsetzt für das Gute, für die Liebe,
dann wird Neues wachsen können.

Durch dich!

WENN ICH IN DEN SPRACHEN
DER MENSCHEN UND ENGEL REDETE,
HÄTTE ABER DIE LIEBE NICHT,
WÄRE ICH DRÖHNENDES ERZ ODER
EINE LÄRMENDE PAUKE.
UND WENN ICH PROPHETISCH REDEN
KÖNNTE UND ALLE GEHEIMNISSE WÜSSTE
UND ALLE ERKENNTNIS HÄTTE;
WENN ICH ALLE GLAUBENSKRAFT BESÄẞE
UND BERGE DAMIT VERSETZEN KÖNNTE,
HÄTTE ABER DIE LIEBE NICHT,
WÄRE ICH NICHTS.

1 KORINTHER 13,1–2

QUELLENNACHWEIS

Texte:
S. 19, 37, 55, 67, 81 (Zitate Papst Franziskus): aus: Apostolisches Schreiben *Gaudete et exsultate,* © Libreria Editrice Vaticana
S. 92, 93: © Ateliers et Presses de Taizé, 71250 Taizé, Frankreich
S. 95 (Zitat Papst Franziskus): aus: Apostolisches Schreiben *Evangelii gaudium,* © Libreria Editrice Vaticana
S. 103: aus: Ulrich Schaffer, Kreise schlagen, © 1996 SCM Verlagsgruppe GmbH, Witten/Holzgerlingen

Alle Bibelzitate: aus: Einheitsübersetzung der Heiligen Schrift, vollständig durchgesehene und überarbeitete Ausgabe © 2016 Katholische Bibelanstalt GmbH, Stuttgart. Alle Rechte vorbehalten.

Bilder:
Cover, 6–11, 18–19, 30–31, 36–37, 48–49, 54–55, 66–67, 72–73, 80–81, 94–95, 106–107: © sunnydays – stock.adobe.com
S. 12: © snyGGG – stock.adobe.com
S. 14: © Pavlo Vakhrushev – stock.adobe.com
S. 16: © Leonid Ikan – stock.adobe.com
S. 20: © goodze – iStock.com
S. 22: © complize – photocase.de
S. 23: Otto Nickl – Wikipedia
S. 24: © Alexandr Makarov – stock.adobe.com
S. 25: Abmg – Wikipedia
S. 26: © lola1960 – shutterstock.com
S. 27: © Wolfgang Sauber – Wikipedia
S. 28: © Gerhard Wanzenböck – stock.adobe.com
S. 29: Gerd A. T. Müller – Wikipedia
S. 32: © kwiatek7 – stock.adobe.com
S. 33: bobosh_t_AKA „Father of Ted" – Wikipedia
S. 34: © thirteen – depositphotos.com
S. 35: Martin Bahmann – Wikipedia
S. 38: © doris oberfrank-list – stock.adobe.com

S. 40: © Shaiith79 – depositphotos.com
S. 42: © SP-Fotostudio – stock.adobe.com
S. 44: © George Bailey – stock.adobe.com
S. 46: © felix_brönnimann – stock.adobe.com
S. 50: © Brain Jackson – stock.adobe.com
S. 52: © Ulises Sepúlveda – stock.adobe.com
S. 56: © tolokonov – depositphotos.com
S. 58: © silvae – stock.adobe.com
S. 60: © Reena – stock.adobe.com
S. 62: © mutu1969 – stock.adobe.com
S. 64: © Alekss – stock.adobe.com
S. 65: Op deo – Wikipedia
S. 68: © Nirut Sangkeaw – Colourbox.de
S.70: © Paylessimages – stock.adobe.com
S. 74: © javarman – stock.adobe.com
S. 76: © mexitographer – stock.adobe.com
S. 78: © TomasSereda – iStock.com
S. 79: aus: Christian Gremmels/Renate Bethge (Hrsg.), Dietrich Bonhoeffer – Bilder eines Lebens, © 2005, Gütersloher Verlagshaus, Gütersloh, in der Verlagsgruppe Random House GmbH
S. 82: © Sebastian Fröhlich – mauritius images
S. 83: © bpk
S. 84: © Viktoria – stock.adobe.com
S. 86: © PatrickPoendl – depositphotos.com
S. 88: © Oleg Rosental – stock.adobe.com
S. 90: © Laura Pashkevich – stock.adobe.com
S. 92: © Zanna – stock.adobe.com
S. 93: Michael König – Wikipedia
S. 96: © Julie Hagan – stock.adobe.com
S. 97: Eric Draper – Wikipedia
S. 98: © EpicStockMedia – stock.adobe.com
S. 99: dontworry – Wikipedia
S. 100: © frenta – stock.adobe
S. 102: © mythja – stock.adobe.com
S. 104: © Kristina Afanasyeva – stock.adobe.com

Die Bilder von Wikipedia wurden unter der folgenden (oder einer früheren) Lizenz veröffentlicht: https://creativecommons.org/licenses/by-sa/4.0/deed.en

WINDOWS